언약신학의 토대

성경신학적 탐구

이 책의 저작권은 제네바신학대학원대학교 출판부에 있습니다.
저작권법에 의거하여 보호를 받는 저작물이므로
무단 전재와 무단 복제를 금합니다.

언약신학의 토대
성경신학적 탐구

레인 팁튼 지음
석기신·신승욱 옮김

 **차례**

서문 ———————————————————— **06**

chapter 01 | 개요 ———————————————— **09**

chapter 02 | 삼위일체 하나님의 영광 ——————— **27**

chapter 03 | 절대적 시작 ——————————————— **43**

chapter 04 | 성령은 하늘-성전을 채운다 ——————— **57**

chapter 05 | 가시적 하늘과 땅의 창조 ——————— **73**

chapter 06 | 하나님을 향한 경배적 오름의 장소로서의 에덴 **83**

chapter 07	하나님과의 종교적 교제로 창조됨	**95**
chapter 08	행위 언약	**109**
chapter 09	생명 나무와 안식의 쉼	**125**
chapter 10	죄로 타락함과 구속의 약속	**141**
chapter 11	약속된 후손	**157**
chapter 12	두 번째이자 마지막 아담	**173**

성경 색인 — **189**

서문

언약신학의 토대

레인 팁튼(Lane Tipton)

이 책은 2009년 4월 텍사스 주 윔벌리에서 리폼 포럼 Reformed Forum 세미나 때 사용했던 강의 내용에서 시작되었습니다. 강의는 창세기 1-3장 그리고 연관된 구절들에 비추어 본 언약 신학의 기초와 특히 우리의 이해를 돕기 위해 하늘이 차지하고 있는 계획적 역할에 그 초점을 맞추었습니다.

그때 강의 내용을 보충하기 위해 또는 주일 학교에서 사용될 수 있는 개론서로서 고안된 언약 신학의 토대는 성경을 더 깊이 연구하고, 특히 게할더스 보스Geerhardus Vos와 클라인M. G. Kline의 선구적 작업에 기초한 개혁 언약 신학을 독자들이 탐구할 수 있는 쉽고 간략한 책으로 매우 적절할 것 같습니다.

이 윔벌리의 강의를 책의 형태로 발간할 수 있게 해준 리폼 포럼에 감사드립니다. 원고를 편집하는데 도움을 준 캠든 부시Camden Bucey, 제프 와딩튼Jeff Waddington, 그리고 특히 댄 라구사Dan Ragusa에게 감사를 드립니다. 이 책이 작으나마 십자가에서 죽으시고 승천하신 그리스도와의 연합과 교통 가운데 있는 교회의 천상적 마음가짐에 일조하고, 변할 수 없는 천상적 영광 가운데 계시는 자족하신 삼위일체 하나님을 경배하는 일에 도움이 되기를 바랍니다.

한국어판 서문

언약신학의 토대가 한국어로 번역되어 더 많은 그리스도인 독자들에게 다가가게 되어 감사드립니다. 사랑의 수고로 이를 완성해 주신 석기신 교수와 신승욱 교수 그리고 제네바신학대학원대학교 출판부에 깊은 감사의 마음을 전합니다.

교회는 신학을 세상의 정치적 목적을 위해 오용하려는 민족주의적 의도를 자의식적으로 거부하는 신학을 필요로 합니다. 하나님의 나라는 신구약 성경에서 계시 된 것처럼 예수 그리스도의 인격과 사역 가운데 도래하고(막 1:15; 눅 17:21), 그 성경 가운데 계시 된 뜻에 따라 삼위일체 하나님의 불변하신 영광을 자의식적으로 경배하는 가운데 드러나며(마 6:9-13), 그리고 그리스도와의 연합 가운데 이 세상에 사는 순례자들이 십자가에서 죽임당한 그리스도께서 구원자요 주님으로 승천하신 천상적 낙원도시the heavenly paradise-city에 들어가기 시작함으로 형성됩니다(히 11:13, 13:14; 눅 23:43).

언약신학의 토대는 천상적 시온산의 꼭대기에서의 안식의 쉼을 향해 정진하고 있는 광야의 순례자인 예수 그리스도의 교회를 위해 하나님 중심적이고, 그리스도에 초점을 맞추며, 천상지향적 신학을 제시합니다(히 4:3, 9-11; 12:22-24). 바로 거기에 예수께서 "어제나 오늘이나 영원토록 동일하게" 계십니다(히 13:8). 삼위일체 하나님께서 이 책을 주 예수 그리스도 안에서 그의 불변하신 영광을 확장하는 일, 교회를 격려하고 세상을 향해 증거하는 일에 사용하시기를 간절히 바랍니다.

2023년 1월
레인 팁튼

언 약 신 학 의 토 대 | chapter 01

개요

chapter 01
개요

 이 책은 언약 신학의 토대에 대해 다룹니다. 혹자는 창세기 2장 15-17절로 시작해 아담과 맺으신 하나님의 언약을 바로 다룰 것이라고 짐작할 수도 있겠지만 이 책은 그렇게 시작하지 않습니다. 오히려 성경이 시작하고 있는 곳, 바로 창세기 1장 1절로부터 시작할 것입니다. 목표는 에덴 동산에서 아담과 하와와 맺은 하나님의 관계를 제시해 주는 본문, 즉 창세기 1-3장으로부터 언약신학의 기초에 관한 포괄적이면서도 요약적인 성경의 교훈을 살펴보는 것입니다.

 먼저 여기에서 이 책 전체에 대한 대요를 제시해 드리겠습니다. 이는 이후에 자세히 전개될 창세기 1-3장의 핵심 교훈을 탐구할 일종의 지도의 역할을 할 것입니다. 이런 개요는 특히 중요한 핵심 교훈들을 신학적이고 천상적인 문맥으로 적절하게 배치하는데 도움을 줄 것입니다.

삼위일체 하나님의 영광

하나님의 형상이나 언약을 살펴보기 이전에 처음부터 인정되어야만 할 사실은 성부, 성자, 그리고 성령이신 자족하신 self-contained 하나님의 영광이 성경의 포괄적이고도 근본적인 초점이라는 점입니다. 하늘과 땅에 있는 모든 피조물은 하나님의 이름을 영화롭게 하기 위해 존재합니다. *오직 하나님께 영광 Soli Deo gloria*은 성경이 가르치는 모든 것을 지배하고 있습니다. 성경의 이런 가장 기본적인 원칙에 대한 흔들릴 수 없고, 심지어 전투적인 확신은 다른 신학적 전통들로부터 개혁신학을 구별해 줍니다.

이에 따른 귀결로 하나님 중심적 초점은 동시에 하늘 중심적 초점이라는 사실이 따릅니다. 창세기 1장 1절은 가장 높은 하늘 the highest heavens을 창조하시는 하나님의 시작, 곧 "절대적 시작 the absolute beginning"을 드러내는데, 이는 실제적이지만 현재로는 가려져 있는, 하나님의 영광이 명백히 드러나는 성전 처소 temple-dwelling입니다. 거룩한 성소 혹은 군왕적 성전 같은 이 장소를 하나님의 영광이 가득 채웁니다. 가장 높은 하늘을 창조하신 이후 하나님은 가시적 하늘과 땅을 6일 만에 존재하게 하시는데 이는 가장 높은 하늘의 모형으로 고안된 것입니다.

불가시적인 가장 높은 하늘과 가시적인 하늘과 땅, 이 두 영역의 창조는 제 7일 하나님의 안식의 쉼Sabbath rest으로 그 정점에 도달하는데 이는 삼위일체 하나님의 영광의 절정적 표현입니다 (창 2:1-3). 하늘과 땅의 창조를 마치신 후 하나님은 천상적 영광으로 왕좌에 앉으시고 가장 높은 하늘에서 안식의 쉼으로 들어가십니다. 이 안식의 쉼은 하나님이 행하신 일에 대한 단순한 *기술descriptive*이 아니라 이 안식으로 들어가도록 부르심을 받은 하나님의 형상을 지닌 자들에게 *규범적인 prescriptive* 것입니다. 그렇다면 천지창조를 장악하고 있는 것은 인간이 아니라 하나님이십니다. 하늘에 명백히 드러난 하나님의 영광을 경배하는 것이 성경의 중심 개념입니다.

하나님의 형상과 언약

성경의 이런 하나님 중심적이고 하늘 중심적인 초점은 하나님의 형상인 아담과 하와의 창조를 올바로 파악함에 있어 필수적 문맥입니다. 다르게 말하자면 삼위일체 하나님의 영광과 가장 높은 하늘의 탁월성은 인간 창조를 이해하기 위한 틀을 형성합니다. 하나님은 땅의 먼지로부터 인간을 형성하고 생기를 불어넣으심으로 당신의 형상으로 창조하셨습니다. 하나님의 형상을 가진 피조물 아담은 삼위일체 하나님과 가장 근접 가능한 지상적 교제 가운데 창조되었습니다. 이 교제는 아담에게 자연스러웠고 교제의 종교적 결속 안에서 전적으로 하나님을 향하도록 구성되었습니다. 이 종교적 결속은 안식의 쉼을 향하여 맞추어졌는데 곧 하나님의 영광을 목도하기 위해 가장 높은 하늘을 향해 올라감이었습니다. 따라서 인간의 주된 목적은 하늘에서 영원히 삼위일체 하나님을 영화롭게 하고 즐거워 하는 일이었습니다. 지상에서 이 교제의 결속은 천상에서 보다 높은 교제의 결속으로 나아가도록 형성되었으며 이는 순종적 언약의 대표자 아래에서 영화된 인간이 하나님의 안식의 쉼 안으로 들어갈 때 주어지는 것입니다.

그럼 이제 하나님의 형상을 지닌 피조물이 어떻게 정진할 수 있을까요? 무슨 방법으로 아담은 하나님과의 지상적 교제로부터 천상적 안식의 쉼이 있는 교제의 완성으로 정진할 수 있을까요? 성경과 성경을 따르는 개혁 신학자들은 아담에게는 언약*covenant*이 필요했다고 가르칩니다. 아담에게는 하나님의 자발적 낮추심의 행위*a voluntary act of condescension*가 필요했는데 이로써 삼위일체 하나님은 아담과 그 자손들을 땅에서 교제의 영광으로부터 가장 높은 하늘에 있는 완성된 교제의 영광으로 움직일 수 있게 되었던 것입니다. 언약은 그 본질상 삼위일체 하나님과의 깨어질 수 없고 영원한 교제 안에 있는 하늘의 영광으로 정진하는 것입니다.

하나님의 산

창세기 1-2장에는 하늘에 계신 하나님을 향해 맞춰진 종교적 교제의 결속인 이 언약의 개념을 드러내 주는 세 가지 내용이 있습니다. 첫째는 에덴에 있는 하나님의 산the mountain of God입니다. 에스겔 28장 13-16절에 따르면 에덴에는 하늘로부터 빛나는 하나님의 영광으로 불붙은 한 산이 있었습니다. 아담에게 이곳은 하나님과의 집중적이고도 강렬한 종교적 교제의 장소였습니다. 이 산상 교제는 말하자면, 가시적 하늘을 향해 아담을 들어 올려 위에 있는 불가시적 하늘에서 하나님을 알도록 하기 위함이었습니다.

영광으로 어우러진 하나님과의 산상 교제는 성경에서 하나의 공통적 주제가 됩니다. 이스라엘을 이집트에서 구속하신 이후 여호와는 그들을 시내산으로 인도하시고 모세를 그 산으로 불러 교제하십니다 (출 23, 24). 하산할 때 모세는 자신의 얼굴에 여호와의 영광을 지녔습니다 (출 34:29). 이후 구속 역사에서 모세보다 더 큰 자이신 예수 그리스도는 천상적 예루살렘인 시온산에 오르시고 거기에서 오늘도 당신의 백성을 모으시고 계십니다 (히 12:22-24). 바로 이 시온산으로 당신의 백성들이 매 주일 그리스도의 면전에서 하나님의 영광을 목도하기 위해 예배 가운데 부름을 받습니다. 그런데 시내산과 시온산 이전에 처음 예배의 산상 장소는 에덴에 있었고 거기는 하나님과의 교제와 종교의 중심부로 자리했습니다. 하나님의 형상을 지닌 자로서 삼위일체 하나님을 영화롭게 하고 예배하는 인간의 종교적 성향은 에덴에 있었던 하나님의 산에서 그 원초적 표현을 발견합니다.

두 가지 나무

여러분이 에덴의 그 산에 자리하고 있으면서 주변 지형을 살펴본다면, 그 아래로 언약의 천상적이고 종교적 본질을 뒷받침하는 두 가지를 주목할 수 있을 것입니다: 곧, 선악 지식의 나무와 생명 나무입니다.

선악 지식의 나무는 그 본질상 하나님과 언약적 관계에 처해 있고 하나님의 형상으로 지음받은 아담에게 유예적인 종교적 시험probationary religious test이었습니다.

> 여호와 하나님이 그 사람을 이끌어 에덴 동산에 두어 그것을 경작하며 지키게 하시고 여호와 하나님이 그 사람에게 명하여 이르시되 동산 각종 나무의 열매는 네가 임으로 먹되 선악을 알게 하는 나무의 열매는 먹지 말라. 네가 먹는 날에는 반드시 죽으리라 하시니라. (창 2:15-17)

이미 만물을 향한 권세 행사를 부여받은 아담은 유예 아래에서 신실해야 했으며 동산에 들어와 하나님의 이름을 모독할 수 있는 거룩하지 못한 침입자로부터 에덴을 지켜야 했습니다 (창 1:26-28). 그렇기 위해서 아담은 단지 하나님의 형상을 지닌 자로서뿐 아니라 제자장-왕으로서 뱀의 형태로 출현할 사탄과의 전투에서 하나님의 말씀을 선포하기 위해 하나님에 의해 성별된 자였습니다. 이 뱀은 하늘에서 하나님의 영광을 보고도 그것을 경멸하였고 그래서 그 고상한 자리에서 떨어졌습니다. 이에 저항하는 자세로 아담은 자신과 하와 그리고 동산 전체를 하나님의 영광만을 위하여 성별시켜야 했습니다. 아담은 하나님의 음성 외의 그 누구의 것도 경청할 수 없었고 오직 하나님 외에 그 누구에게도 영광을 돌릴 수 없었습니다.

뱀과의 조우를 통해 아담에게 주어진 종교적 시험의 본질이 도마에 올랐습니다. 과연 그는 하나님의 영광만을 위해 하나님의 입으로부터 나오는 모든 말씀으로 살 것인가? 이득이 될만한 그 어떤 것도 바라지 않고 하나님의 영광을 위해서 하나님을 순종할 것인가? 선과 악을 정의하시는 하나님만으로부터 지혜를 받아 하나님의 생각을 좇아 사고하면서 하나님과의 교제 가운데 성장할 것인가? 아니면 창조주의 특권을 자신에게 부여하여 자율적으로 움직일 것인가? 천상적인 사고를 할 것인가 아니면 지상적인 사고를 할 것인가? 무엇보다도 하나님의 영광과 가장 높은 하늘에 가치를 둘 것인가 아니면 땅의 것들에 그 궁극적 가치를 부여할 것인가? 그 저변부에 있어서 아담의 시험은 하나님만을 위해서 하나님에 대한 종교적 헌신의 시험이었습니다. 이것이 기독교라는 종교, 즉 아담이 죄로 타락하기 이전에 일반적 종교의 심장부에 자리하고 있었습니다.

선악의 지식 나무와 함께 동산에는 또 하나의 중요한 나무가 있었습니다: 곧, 생명 나무였습니다. 이 나무는 *땅에서* on earth 생명의 지속성을 강조함이 아니라 성례적이고 상징적으로 보다 높은 차원의 실체를 가리키고 있었습니다. 그것은 궁극적으로 가장 높은 하늘의 하나님의 영광과 *하늘에서* in heaven 삼위일체 하나님과의 영원한 교제를 전망하고 있었습니다. 하나님의 형상이요 언약 아래서 인류의 언약적 머리인 아담이 총체적으로 하나님을 순종하고 유예 아래에서 성공적이었다면, *땅에서* on earth 그의 삶은 가장 높은 *하늘에서* in the highest heavens 영원한 안식의 쉼으로 연결될 것이었습니다. 이는 영원히 하나님을 즐거워 하고 하나님께 영광을 돌리기 위해 창조된, 뱀의 양식으로 찾아 올 수 있었던 그 어떤 것과도 타협하지 않아야 할, 하나님과의 언약 아래에 있는 하나님의 형상을 지닌 아담에게 각인된 사실이었습니다.

요약하면, 성경의 하나님 중심적이고 하늘 중심적인 관심은 창세기 1-2장 전체를 관통하고 있으며, 언약 신학의 기초를 형성합니다. 언약 신학은 하나님의 창조된 형상인 아담에게 부여하신 하나님 중심적이고 하늘 지향적인 환경을 철저하게 파악할 때 비로소 적절하게 이해될 수 있습니다.

타락

창세기 3장으로 넘어가면서 타락과 구속의 약속에 대한 조감도를 살펴 보겠습니다. 본 장의 시작에서 뱀이 에덴의 성소로 들어옵니다. 항상 그렇듯이 뱀은 간접적 방식을 취하는데, 하나님으로부터 직접적으로 유예에 관한 것을 들었던 아담이 아니라 그의 아내를 시험했습니다. 뱀의 기만은 한 가지 의문으로부터 시작합니다.

> 뱀은 여호와 하나님이 지으신 들짐승 중에 가장 간교하니라. 뱀이 여자에게 물어 이르되, 하나님이 참으로 너희에게 동산 모든 나무의 열매를 먹지말라 하시더냐? (창 3:1)

사탄과 불신의 본질이 무엇입니까? 그것은 곧 하나님의 말씀의 선하심, 신빙성 그리고 진정성을 의문에 붙이는 것입니다. 처음부터 사탄은 하나님의 권위와 선하심을 의문하였는데 이는, 성경이 가르치는대로, 하늘에서 하나님의 영광를 목도했을 때 혼을 다한 경배로 반응하기 보다는 그것을 탐하여 소유하기를 원했기 때문입니다. 그러므로 그가 제시한 시험은 매우 기초적이었습니다: 과연 아담과 하와는 하나님의 영광만을 위하여 삼위일체 창조주를 섬기고 경배할 것인가, 아니면 피조물을 섬기고 경배할 것인가?

타락으로 아담과 하와는 하나님의 말씀과 사탄의 말이 서로 경쟁할 수 있는 가설competing hypothesis로 존재할 수 있다고 간주했습니다. 하나님의 가설은 선악 지식의 나무로부터 열매를 먹는 경우 인간이 반드시 죽는다는 것이었습니다. 이와는 완전히 정반대로 사탄의 가설은 그 나무의 열매를 먹음으로 인간이 얻을 영광과 지혜를 하나님이 질투하셨으며 (이는 가히 신성모독적인 주장) 따라서 하나님의 죽음의 위협은 거짓이었다는 것이었습니다. 하나님의 말씀에 따르면 나무는 유예적 나무였으며 그래서 그것을 먹는 순간 죽음이 찾아올 것이었습니다. 하지만 사탄의 말에 따르면 그 나무는 지혜와 쾌락 그리고 번영을 가져 줄 비밀스러운 경로였으며 이를 위해 아담과 하와는 자신들에게 선과 악 사이의 궁극적 차별을 가할 수 있는 특권을 부여하면 될 일이었습니다. 사탄은 선과 악을 정의할 수 있는 원초적 인물들로 아담과 하와를 상정하여 하나님의 자리를 찬탈하게 함으로 기만했습니다.

뱀의 음성에 순종하여 하와가 열매를 먹었을 때, 아담은 그 옆에서 *침묵하고silently* 있었습니다. 그의 아내가 자신의 눈 앞에서 뱀에 의해 바람에 나는 겨와 같이 되고 있을 때 아담은 하나님이 그에게 명령하신 것과 연관해서 아무 것도 하지 않았고 아무 말도 하지 않았습니다. 그는 성별된 제사장-왕으로서의 하나님을 경배하는 책임을 포기하고 뱀과 보조를 맞추었습니다. 그 순간으로부터 정상적 출생으로 아담과 하와로부터 유래하는 모든 사람은 하나님과 절대적 윤리적 적대감absolute ethical enmity에 처하게 되었습니다 (창 3:15). "육신의 생각은 하나님과 원수가 되나니 이는 하나님의 법에 굴복하지 아니할 뿐 아니라 할 수도 없음이라" (롬 8:7). 그런 정신을 소유한 사람들은 그들의 아버지 곧 마귀의 형상을 지닌 자들입니다.

두 번째 그리고 마지막 아담 가운데 구속의 약속

인간과 뱀 사이의 이런 불경스러운 동맹이 형성된 이후 하나님이 개입하십니다. 창세기 3장 14-15절에서 하나님은 뱀에게 저주를 선언하시는데 여기에는 복음의 처음 선언이라 부르는 원복음protoevangelium이 포함되어 있습니다. 이 복음 선언의 핵심은 구속주이신 두 번째 그리고 마지막 아담을 통해서 하나님은 당신에 대한 그 백성의 적대감을 취하여서 뱀을 향한 적대감으로 재조정하십니다. 이는 하나님의 백성에 의존하는 일이 아니라 여자로부터 나올 승리적 후손/씨에 의해 성

취될 것이었습니다:

> 내가 너로 여자와 원수가 되게 하고 네 후손도 여자의 후손과 원수가 되게 하리니 여자의 후손은 네 머리를 상하게 할 것이요 너는 그의 발꿈치를 상하게 할 것이니라. (창 3:15)

약속된 여자의 후손은 사탄에게 치명적인 타격을 입힐 것이지만 그 과정에서 그 발꿈치를 상하게 될 것이었습니다. 그러므로 이 승리적 구속주는 고통으로 옷 입을 것이었습니다. 고통당하는 메시아가 궁극적으로 승리할 것이요 낙원의 문을 열게 될 것이며 그 안에서 그리고 그를 통해 하나님의 백성이 하나님의 영광 가운데 가장 높은 하늘로 들어가 하나님을 경배할 것입니다. 이 메시아는 그 백성의 마음을 이 타락한 세대와 죄 그리고 뱀을 추종함으로부터 돌이켜 영원히 존귀하신 삼위일체 하나님을 알고, 경배하고 사랑하도록 할 것입니다.

짐승의 가죽 옷

예증하자면, 그들의 죄로 인해 아담과 하와가 죽어 마땅한 날에 하나님은 아담에게 그 아내 하와를 "모든 산 자의 어머니"라는 이름을 짓게 하시면서 (창 3:20) 하나님은 먼저 당신의 복음 약속을 주십니다. 그리고 둘째, 아담과 하와에게 짐승의 가죽 옷을 만들어 입혀 주십니다 (창 3:21). 하나님은 그들을 대신해서 희생 짐승의 피를 흘리게 하시는데 이것은 오실 메시아의 대속적 고통과 죽음의 전형이기도 하지만 짐승의 가죽은 옷처럼 그들에게 입혀졌는데 이는 오실 메시아의 삶과 형상의 전형이기도 했습니다. 다시 말하자면, 그들은 구속하는 피에 의해 보호되었을 뿐 아니라 새 생명을 가져오는 옷으로도 보호된 것입니다. 아담과 하와는 죽음으로 고통당하시지만 궁극적으로 생명으로 승리하실 오실 메시아의 형상을 지녔던 것입니다.

불 칼

이 복음의 소망와 아울러 아담과 하와는 에덴에서 쫓겨나게 되고 하나님과의 원초적 교제의 영역에 있는 생명 나무는 그룹들과 모든 것을 경계하는 불 칼로 보호되었습니다 (창 3:24). 이제 하늘에 계신 삼위일체 하나님과 교제를 원한다면 죄인을 삼키고 전멸시키는 하나님의 신적 공의를 통과해야만 했습니다. 홀로 남게 되면 죄인에게는 소망이 없습니다. 그러나, 살펴본 것처럼, 창세기 3장의 요지는 약속의 메시아가 뱀과의 충돌 중에 발꿈치를 상하게 될 것이라는 사실 뿐 아니라 골고다의 길로 가게 될 것이라는 점이었습니다. 거기에서 메시아는 그의 백성을 위한 속죄물로 대속적으로 고통을 당하면서 그들의 모든 죄를 속죄하며 그들을 향한 신적 분노의 충만함을 지고 갈 것입니다. 그렇게 함으로 메시아는 불 칼 아래를 관통하며 자신의 생명을 내려 놓는가 하면 곧 다시 찾을 것입니다.

예수 그리스도와 성령

예수 그리스도는 약속된 여자의 승리적 후손, 메시아로 오십니다. 뱀과의 충돌과 고통의 삶의 정점에서 옆 십자가에 달렸지만 예수를 신뢰하게 된 강도에게 말씀하시기를, "내가 진실로 네게 이르노니 오늘 네가 나와 함께 낙원에 있으리라"고 하십니다 (눅 23:43). 그가 언급하신 낙원은 가장 높은 하늘이요, 영광스러운 하나님의 성전-거소temple-dwelling요, "절대적 시작absolute beginning"의 장소로 불가시적 하늘이 형성된 때, 하나님이 영원히 당신의 영광 가운데 경배받기 위해 거하시는 곳입니다.

창세기 1장 2절 그리고 성막과 성전을 예표적으로 채우심을 통해서 배우듯이 천상적 영역으로 들어가시고 그곳을 영광으로 모두 채우신 분은 살아계신 하나님의 영이신데, 그곳을 낙원의 장소 그리고 삼위일체 하나님과의 경배, 삶, 그리고 교제의 장소로 만드셨습니다. 이것이 중요한 이유는 부활하심으로 그리스도께서는 성령의 충만을 부여받았으며, 이로써 믿음으로 당신과 연합된 모든 자들을 위해 하나님의 낙원의 문을 여셨고 천상적 장소로 그들을 일으키실 것이기 때문입니다.

미리보기

이상의 내용들이 언약 신학의 토대들입니다. 지형 지도를 이제 부여받았으니 다음 장부터는 다양한 장소들에 멈추어 가면서 각각의 것들을 보다 상세하게 고려해 보겠습니다. 지적한 바와 같이 출발점은 하나님의 형상으로서 인간이거나 그와 하나님이 맺은 언약이 아니라 자족하신 삼위일체 하나님의 영광의 출중함과 그 영광이 영원히 상주하는 곳 곧 가장 높은 하늘입니다.

 토의할 문제

1. 성경의 근본적 초점은 무엇인가? 어떤 점에서 이것이 독특히 개혁신학적인가?

2. 성경의 하나님 중심적 초점이 어떤 점에서 또한 하늘 지향적 초점이라고 볼 수 있는가?

3. 창조 주간의 제7일은 어떻게 하나님의 안식에 대해 기술적descriptive인 동시에 그 형상을 지닌 자들에게 규범적prescriptive인가?

4. 인간의 제일되는 목적이 무엇인가? 본 장의 내용은 어떻게 당신이 소교리문답 1에 대한 답을 형성하는데 도움을 주는가?

5. 에덴이 산이라는 점을 알고 있었나? 어떻게 그 사실은 인간으로 하여금 가장 높은 산을 지향하도록 하는가?

6. 행위 언약 아래서 유예 기간 동안 어떻게 아담은 제사장, 선지자, 그리고 왕의 직책을 행사하여야 했는가?

7. 가장 기본적으로 표현할때 동산에서 아담과 하와가 직면했던 시험은 어떤 것이었나?

8. 여러분 각자의 표현으로 창세기 3장 25절의 복음 약속을 어떻게 설명하겠는가?

언 약 신 학 의 토 대 | chapter 02

삼위일체 하나님의 영광

chapter 02
삼위일체 하나님의 영광

성경의 중추적 관심은 자족하신 삼위일체 하나님의 영광에 있습니다. 인간도, 땅도, 천사도, 더구나 사탄도 아닌 하나님 자신입니다. *오직 하나님께 영광soli Deo gloria*이라는 슬로건은 성경 전체를 그리고 성경을 따르기를 추구하는 개혁 신학을 지배하고 있습니다. 이는 창세기 1장 1절 "태초에 하나님이 천지를 창조하시니라"라는 시작부터 그렇습니다. 이 시작의 구절은 이 장의 초점인 만물을 창조하신 하나님의 본성에 대해 추가적인 숙고를 요청합니다. 자세히 전부 다루기 보다는 당신의 자기-계시self-revelation에 드러난 하나님의 성격에 대해 올바로 사고하기를 원하는 사람들의 마음과 정신에 깊이 박혀 있어야 할 주요한 진리들을 분별해 내는 것이 목표입니다. 이를 위해 태초에 만물을 창조하신 하나님의 성격을 다루면서 확대해 주는 주된 성경 구절들을 고려해 보겠습니다.

영원부터 영원까지 (시 90:2)

천지를 창조하신 하나님에 대한 관찰을 다루는 첫 번째 구절은 시편 90장 2절입니다.

산이 생기기 전, 땅과 세계도 주께서 조성하시기 전 곧 영원부터 영원까지 주는 하나님이시니이다. (시 90:2)

하나님은 영원하시므로 영원부터*from* 영원까지*to* 계십니다. 그는 아버지, 아들, 그리고 성령으로 계신 자족하신 삼위일체 하나님으로 창조 세계 이전 그리고 창조 세계와 독립해서 계십니다. 그는 알파와 오메가시요, 처음과 마지막이시며, 그의 영광은 영원히 지속됩니다. 그 분을 통해서 만물이 나오고, 만물이 말미암고, 그리고 만물이 회귀됩니다 (롬 11:36). 모든 것들이 그에게서 기원하고, 다양한 방식으로 모든 것들은 그에게로 돌아가는데, 그러므로 그는 창조된 모든 것들 위에 영원히*everlasting* 출중하시며 뛰어나십니다.

주는 한결같으시고 (시 102:25-27)

시편 102장 25-27절 또한 태초부터 계셨던 하나님을 반영

하고 있습니다:

> 주께서 옛적에 땅의 기초를 놓으셨사오며 하늘도 주의 손으로 지으신 바니이다. 천지는 없어지려니와 주는 영존하시겠고 그것들은 다 옷 같이 낡으리니 의복 같이 바꾸시면 바뀌려니와, 주는 한결같으시고 주의 연대는 무궁하리이다. (시 102:25-27)

시편 기자는 하늘과 땅과 하늘에 대한 하나님의 역사를 그 삼위일체 창조주의 절대적이고도 불변하신 영광과 비교할 때 없어질 수 있는 의복에 비유하고 있습니다.

글렌사이드Glenside에 있는 집에는 1998년 제가 웨스트민스터 신학교에 처음 왔을 때 어머니가 사 준 반코트가 있습니다. 저는 이 반코트를 15년 정도 입고 다녔는데 마침내 제 아내가 어느 날 "여보, 당신이 정서적으로 제일 좋아하는 저 옷을 더 이상 밖에서는 입지 못해요"라고 했습니다. 왜 그러냐고 물었을 때 아내는 "이제 너무 낡았잖아요, 새 것 사세요"라고 답했습니다.

그 반코트의 낡아짐은 천지에 대한 하나의 축소판microcosm이라 할 수 있습니다. 창조된 모든 것들은 가변적이고 그래서 의복과 같이 언젠간 낡아지게 되어 있습니다. 그렇게 창조 세계의 모든 것은 그 연수가 끝이 없으시고 동일하신 삼위일체 하나님과 절대적 대조를 이루고 있습니다. 그리스도인으로 우리가 고백하는 모든 것들 속에는 하나님이 영원하실 뿐 아니라 (시 90:2) 살아계신 참 하나님으로서 불변하시며*immutable* 영속적*enduring*이심이 기초적으로 깔려 있습니다. 하나님의 절대적 영광은 변하는 피조물의 그 어떤 것과도 비교될 수 없습니다.

나 여호와는 변하지 아니하나니 (말 3:6)

불변하는 하나님의 영광의 실체는 송영을 불러일으키는 하나의 핵심적 교리 혹은 하나님의 속성일 뿐 아니라 참된 종교에 있어 본질적인 것입니다. 하나님이 그 영광, 능력, 목적하심에 있어서 절대적이 아니라면, 참된 종교란 있을 수 없습니다. 말라기 3장 6절은 이를 드러내줍니다: "나 여호와는 변하지 아니하나니 그러므로 야곱의 자손들아 너희가 소멸되지 아니하느니라." 하나님이 가변적이고 시한적이라면 인간은 어디에 소망을 둘 수 있겠습니까? 하나님이 변하시고 피조물처럼 달라지신다면 우리의 영혼은 어디에서 위로를 찾겠습니까? 인간은 자신과 하나님 모두가 예속되어 있는 시간과 변화의 궁극성이라는 무작위적인 우주 안에 갇혀 있고 말것입니다. 따라서 참된 종교는 당신의 백성과의 언약에 있어서 불변하시는 자족하신 삼위일체 하나님의 영광에 의존하고 있는 것입니다.

여호와는 참 하나님이시요 (렘 10:6)

불변하시는 하나님의 영광의 종교적 중요성은 예레미야 10장 6-11절에서도 포착되고 있습니다.

> 여호와여 주와 같은 이 없나이다. 주는 크시니 주의 이름이 그 권능으로 말미암아 크시니이다. 이방 사람들의 왕이시여, 주를 경외하지 아니할 자가 누구리이까? 이는 주께 당연한 일이라. 여러 나라와 여러 왕국들의 지혜로운 자들 가운데 주와 같은 이가 없음이니이다. 그들은 다 무지하고 어리석은 것이니 우상의 가르침은 나무뿐이라. 다시스에서 가져온 은박과 우바스에서 가져온 금으로 꾸미되 기술공과 은장색의 손으로 만들었고 청색 자색 옷을 입었나니 이는 정교한 솜씨로 만든 것이거니와 오직 여호와는 참 하나님이시요 살아계신 하나님이시요 영원한 왕이시라. 그 진노하심에 땅이 진동하며 그 분노하심을 이방이 능히 당하지 못하느니라. 너희는 이같이 그들에게 이르기를 천지를 짓지 아니한 신들은 땅 위에서, 이 하늘 아래에서 망하리라 하

라. (렘 10:6-11)

자족하신 삼위일체 하나님은 나라들의 우상들처럼 사람의 손으로 만들어지신 분이 아니므로 불변하십니다. 우상들은 나무나 은과 금으로 만들어졌기 때문에 세상의 것들처럼 가변성과 변이성을 공유합니다. 그러므로 우상에게 소망을 두는 사람은 그것과 함께 소멸되고 말것입니다. 그러나 변하지 않으시는 참되고 살아계신 하나님께 소망을 두는 사람은 사멸되지 않습니다. 따라서 우상을 섬기는 것과는 첨예하게 대조적으로 참된 종교는 참되고, 살아계신, 그리고 불변하신 자족적 삼위일체 하나님께 기반하고 있습니다.

빛들의 아버지 (약 1:17)

하나님은 당신의 *본성nature*에 있어서 불변하실 뿐 아니라, 그 *인격persons*에 있어서도 불변하십니다. 신성의 인격은 인간을 창조하시고 좋은 선물들을 주심에 있어서도 변하지 않습니다. 다른 말로 하면, 창조 역사에 있어서 삼위일체 하나님은 동일하게 존재하십니다. 이는 이 교리를 뒷받침하는 구절로 칼빈Calvin이 가장 소중하게 여겼던 야고보서 1장 17절의 말씀, "온갖 좋은 은사와 온전한 선물이 다 위로부터 빛들의 아버지께로부터 내려오나니 그는 변함도 없으시고 회전하는 그림자도 없으시니라"는 말씀에서도 확인됩니다. "빛들의 아버지"를 언급하고 있는 야고보는 낮을 주관하는 큰 광명체와 밤을 주관하는 작은 광명체를 염두에 두면서 가시적인 하늘들을 향해 우리의 시선을 돌립니다. 아들을 통해서 그리고 성령에 의해 이것들을 존재케 하신 분은 아버지였습니다. 따라서 야고보는 아버지와 연관해서 그 분에게는 변화나 변이가 없으신 *신적 인격person*으로 말하고 있는 것입니다. (연장해서 말하면 아들과 성령에게도 같은 말을 할 수 있습니다.)

아버지의 인격의 불변성에 대한 야고보의 이중적 확언은 어떤 경우나 어떤 점에서도 신성의 인격에는 절대적으로 그리고 명확하게 변함이 없음을 확증해 줍니다. 이는 아버지께서 *심지어even as* 그 피조세계 특히 교회를 향해 좋고 온전한 선물들을 주심에 있어서도 여전히 그렇습니다. 파악하기 어렵겠지만, 자족하신 삼위일체 하나님의 첫째 위격이신 아버지께서 좋은 선물들을 주심에 있어서도 전혀 변하시지 않는 방식으로 행동하신다는 점은 강조되어야 합니다—변이나 변화에 따른 그림자도 없습니다. 당신의 *행위activity*에 있어서 하나님에게 *변화change*는 없습니다.

이는 아버지께서 불변하실 뿐 아니라 살아계심을 뜻하기도 합니다. 불변하시므로 변하지 않으십니다. 살아계시므로 활동하십니다. 그러므로 야고보는 변하지 않는 일종의 살아있는 행동에 관해 말하고 있는 것입니다. 하나님은 당신의 백성을 사랑하시고 그 약속을 지킴에 있어서 확고부동하시며 불변하십니다. 변하지 않으시기 때문에 그 백성은 그를 무오한 확신으로 의지할 수 있습니다. 이 확신은 참 종교의 심장부에 자리 잡고 있습니다. 더구나 그렇지 않고 하나님이 변화하는 그림자처럼 변하신다면, 역사를 통해 선물을 주심에 있어서 하나님도 피조물을 성격짓는 동일한 종류의 변화의 흐름 속에 예속되고 말것입니다. 이는 지금까지 살펴본 하나님의 영원하고 불변하는 본성에 대한 성경적 증거를 뒤집어 놓게 됩니다.

역사를 통해 그 피조물들에게 선물을 주심에 있어서도 아버지께서 당신의 인격에 있어 변하지 않고 존재하시는 방식은 아마도 기독교 종교의 가장 심오한 신비일 것입니다. 어떻게 절대적으로 불변하시면서도 살아계신 행위를 전개하실 수 있을까요? 바로 여기에서 교회는 자족하시고 살아계신 삼위일체 하나님께 경이와 경외 가운데 머리를 숙여야만 합니다. 하나님을 찬양해야할 무수한 이유들 가운데 하나는 당신의 그 모든 약속들이 어제나 오늘이나 영원히 동일하신 예수 그리스도 안에서 예Yes가 된다는 점입니다 (고후 1:20; 히 13:8). 당신의 계시 가운데 불변하시고 살아계시며, 절대적이며 행위 하시는 이 삼위일체 하나님을 예배하는 것만이 교회의 온당한 반응이 됩니다. 계시된 하나님의 성격에 기초해서 하나님이 그의 백성의 소멸됨을 허락하지 않으실 것이며 (말 3:6) 피조세계의 그 어떤 것도 그리스도 예수 안에 있는 하나님의 사랑에서 그들을 끊을 수 없을 것이라는 (롬 8:39) 종교적 확신을 가질 수 있습니다.

사람이 손으로 섬김을 받으시는 것이 아니니
(행 17:25; 출 3:14)

지금까지 우리는 삼위일체 하나님을 "자족하신 self-contained"분으로 언급해 왔습니다만, 도대체 정확히 이 말은 무슨 뜻일까요? 그 뜻은 하나님이 스스로 완전하신 분이기 때문에 당신 외부에 있는 그 무엇에도 의존하지 않는다는 말입니다. 이 진리가 사도행전 17장에서 아테네인들을 향해 창조신학을 개진하고 있었던 바울에 의해서 설명되고 있습니다:

> 우주와 그 가운데 있는 만물을 지으신 하나님께서는 천지의 주재시니 손으로 지은 전에 계시지 아니하시고 또 무엇이 부족한 것처럼 사람의 손으로 섬김을 받으시는 것이 아니니 이는 만민에게 생명과 호흡과 만물을 친히 주시는 이심이라. (행 17:24-25)

인간은 삼위일체 하나님을 전적으로 필요로 하는 피조물이

지만, 삼위일체 하나님은 인간을 전혀 필요로 하지 않습니다. 하나님은 자족하시므로 인간이 하나님의 영광에 무엇을 더할 수도 없고 그 장엄하심에 장식으로 더할 수도 없습니다.

출애굽기 3장 14절에 하나님은 당신의 이름을 묻는 모세에게 "나는 스스로 있는 자라 I AM WHO I AM"고 말씀하십니다. 그리고 덧붙이시기를 "너는 이스라엘 자손에게 이같이 이르기를 너희 조상의 하나님 여호와 I AM가 너희에게 보내셨다 하라"고 하십니다. 하나님이 이것을 소멸되지 않는 불타는 떨기나무 가운데서 모세에게 계시하셨다는 점이 중요합니다. 하나님의 임재하심은 타오르고 타올라도 결코 소멸되지 않는, 그 자체 내에 생명을 가진 불과 같다는 가시적 표식이었습니다. 피조물은 결단코 그 연수가 한이 없으신 자족적 삼위일체 하나님을 감당해 낼 수 없습니다.

창세 전에 가졌던 영광/영화 (요 17:5)

지금까지 우리는 태초에 하늘과 땅을 창조하신 하나님이 영원하시고 (시 90:2), 불변하시며 (시 102:25-27; 약 1:17), 그리고 자족적이신 (출 3:14; 행 17:25) 삼위일체 하나님이시며 이 하나님께 그 백성의 모든 종교적 소망이 무오하게 근거하고 있음을 살펴 보았습니다. 여기에 한 가지 마지막으로 첨가

해야 할 점이 있는데 이 신성의 삼위일체적 인격들은 서로 서로 관계를 맺고 있는데, 이를 예수께서 "영광glory"이라고 불렀습니다.

> 예수께서 이 말씀을 하시고 눈을 들어 하늘을 우러러 이르시되 아버지여 때가 이르렀사오니 아들을 영화롭게 하사 아들로 아버지를 영화롭게 하옵소서. 아버지께서 아들에게 주신 모든 사람에게 영생을 주게 하시려고 만민을 다스리는 권세를 아들에게 주셨음이로소이다. 영생은 곧 유일하신 참 하나님과 그가 보내신 자 예수 그리스도를 아는 것이니이다. 아버지께서 내게 하라고 주신 일을 내가 이루어 아버지를 이 세상에서 영화롭게 하였사오니 아버지여 창세 전에 내가 아버지와 함께 가졌던 영화로써 지금도 아버지와 함께 나를 영화롭게 하옵소서. (요 17:1-5)

예수님의 말씀은 아버지와 아들 사이 그리고 나아가 성령 사이의 인격적이고 친밀한 관계를 보게 해줍니다. 신적 본질의 충만함 가운데 세 인격들은 영광과 환희로 충만하여 신적 생명의 완벽한 지복 안에서 서로에게 내재하십니다. 따라서 자족하신 삼위일체 하나님의 중심에는 영원부터 영원까지 불변하시고, 인격적이시며, 그리고 상호적 환희가 자리잡고 있습니다. 아버지는 아들을 기뻐하고, 아들은 아버지를 기뻐하는데 이 기쁨의 환희에는 시작이나 끝이 없습니다. 바로 이것이 하나님의 영광입니다. 하늘과 땅을 창조하실 때 계시하기 시작하신 영광이며, 성경 계시 전체를 장악하고 있는 바로 그 영광입니다.

미리보기

하늘과 땅, 아담과 하와, 언약이 있기 이전에 삼위일체 하나님의 영광의 영원하며 불변하는 자족적 충만함이 있었습니다. 바로 이 영광이 하나님의 백성들의 마음을 경배로 불타오르도록 자극합니다. 다음 장에서는 절대적 시작에서 당신의 영광스러운 이름을 경배하기 위해 하나님이 창조하신 원초적 장소를 살펴보도록 하겠습니다.

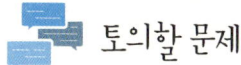 토의할 문제

1. 어떻게 하나님의 불변성이 그 언약의 백성에게 소망을 가져다 줄 수 있는가?

2. 하나님이 "자족적self-contained"이시라는 뜻은 무엇인가?

3. 하나님이 불변하시고 자족하신 존재라는 것은 그래서 그가 정적이고 비인격적이란 뜻인가?

4. 요한복음 17장 1-5절은 아버지와 아들 사이의 관계를 어떻게 묘사하고 있는가? 아버지를 향한 예수의 기도에 등장하는 지배적인 범주는 무엇인가?

5. 창조세계가 하나님의 영광을 드러내고 있는 몇 가지 방식은 무엇인가? (가능하면 성경 구절을 예시하시오)

6. 하나님이 당신의 창조세계에 의존적이라고 그릇되게 생각하는 몇 가지 방식들은 무엇인가?

언약신학의 토대 | chapter 03

절대적 시작

chapter 03
절대적 시작

창세기 1장 1절은 하나님이 하늘과 땅을 창조하시는 "절대적 시작the absolute beginning"을 묘사하고 있습니다. 그렇게 부르는 이유는 이후에 설명하겠고 먼저 던져야 할 질문은 "하늘the heavens"과 상관하여 그것이 지시하는 대상이 무엇인지 알아보아야 하겠습니다. 일단 잠정적인 대답으로 여기서 하늘은 구별되고 창조된 그러나 현재적으로 베일에 가린 영역 혹은 범위라고 할 수 있습니다. 이것이 그러한 이유는 가시적 하늘은 창조 주간 중 둘째 날에 창조되었기 때문입니다:

> 하나님이 이르시되 물 가운데에 궁창이 있어 물과 물로 나뉘라 하시고 하나님이 궁창을 만드사 궁창 아래의 물과 궁창 위의 물로 나뉘게 하시니 그대로 되니라. 하나님이 궁창을 하늘이라 부르시니라. 저녁이 되고

아침이 되니 이는 둘째 날이니라. (창 1:6-8)

가시적 하늘과 땅은 창세기 1장 1절의 절대적 시작 이후에야 드러나고 있음을 유의하십시오. 하나님은 돔/지붕 같은 궁창(raqia)을 두시고 그 위의 물과 그 아래의 물로 나눴습니다. 궁창 위의 물이란 구름이든지 아니면 궁창 위에 모여있는 빗물을 시적으로 말하고 있을 수 있습니다 (노아의 홍수에 대한 배경을 형성할 수도 있음). 어떤 경우이든지 둘째 날 등장하는 "하늘 heaven"은 창세기 1장 1절의 절대적 시작에서 "하늘heavens"과는 근본적으로 구분됩니다. 그러므로 창세기 1장 1절의 하늘은 불가시적 하늘 또는, 느헤미야 9장 6절의 언어를 빌자면, 하늘들의 하늘 혹은 가장 높은 하늘을 말하는 것입니다. 이 장에서의 기본적인 논증은 절대적 시작에서 창조된 하늘이란 하나님이 영원히 거하시면서 당신의 피조물들에게 경배를 받으실 영광의 불가시적 영역을 언급하고 있다는 것입니다.

가장 높은 하늘 (느 9:6)

같은 방식으로 성경의 다른 구절들이 절대적 시작에서 창조하신 하나님을 본성을 확연히 드러내듯 하늘의 본성 역시 그렇게 드러날 수 있습니다. 특별히 한 구절이 이를 확인해 주는데 느헤미야 9장 6절입니다.

> 오직 주는 여호와시라 하늘과 하늘들의 하늘과 일월성신과 땅과 땅 위의 만물과 바다와 그 가운데 모든 것을 지으시고 다 보존하시오니 모든 천군이 주께 경배하나이다. (느 9:6)

"하늘들의 하늘the heaven of heavens"이라는 표현은 히브리어의 관용어로 "가장 높은 하늘the highest heavens"이라고 번역될 수도 있습니다. 그곳은 하나님에 의해 창조된 장소로 하나님의 영광이 거주하며 일월성신the host of heaven, 천사들이 그를 경배하는 곳입니다. 영광의 불가시적 영역으로 가시적인 하늘과 땅과는 구별되어 존재하는데, 이 구별은 창조 구조에 있어서 근본적입니다.

구속 역사의 관점에서 보면 가장 높은 하늘은 그것의 지상적 모형인 성막 (그리고 이후 부동의 형태였던 성전)과 흡사하게 비교될 수 있습니다. 바로 여기에서 하나님은 땅에 있는 그의 백성들 가운데 거하심으로 옛 언약 아래 그들이 하나님을 흠모하고 예배할 수 있었습니다. 이를 염두에 둔다면 가장 높은 하늘이란 예배하는 천사들에 의해 확인될 수 있는 하나님의 영광이 영원히 거주하는 곳에 대한 태고적인primordial 혹은 원형적인archetypal 성전으로 이해될 수 있습니다. 따라서 지상의 성막과 성전이 지어지기 이전에 하나님은 당신을 위해 당신의 이름이 경배되도록 가장 높은 하늘에 영원히 고정된 영광스러운 성전을 지으신 것입니다. 이것이 바로 창세기 1장 1절에서 "하늘"이라고 언급되는 동일한 장소입니다.

거룩하다, 거룩하다, 거룩하다 (사 6:1-6)

이사야 6장은 이런 연관성을 확인해 주면서 가장 높은 하늘의 성전이 어떻게 생겼는지 보다 상세히 기록해 줍니다.

> 웃시야 왕이 죽던 해에 내가 본즉 주께서 높이 들린 보좌에 앉으셨는데 그의 옷자락은 성전에 가득하였고 스랍들이 모시고 섰는데 각기 여섯 날개가 있어 그 둘로는 각기의 얼굴을 가리었고 그 둘로는 자기의 발을 가리었고 그 둘로는 날며 서로 불러 이르되 거룩하다 거룩하다 거룩하다 만군의 여호와여 그의 영광이 온 땅에 충만하도다 하더라. 이같이 화답하는 자의 소리로 말미암아 문지방의 터가 요동하며 성전에 연기가 충만한지라. (사 6:1-4)

가장 높은 하늘은 가시적인 하늘 위에 높이 들려 있는 왕실

*royal chamber*로서 보좌가 있는 곳으로 묘사됩니다. 이사야는 이후에 여호와께서 "하늘은 나의 보좌요 땅은 나의 발판이니"라고 선언하심을 기록합니다 (사 66:1). 그렇다면 여호와는 위대한 왕이십니다. 그는 삼위일체 하나님으로 그 영광과 능력에 있어 불변하시고 영원하신 가운데 지극히 높이 들려 계시며, 가시적 창조 세계 위에서 보좌에 앉아 계십니다. 지상의 지성소는 금으로 내장되어 있었고, 그 안에는 언약궤가 있었으며 하나님의 천상적 보좌가 있는 곳을 모형하기replicate 위해 천사의 모습이 있었습니다. 그러나 이사야는 단순히 지상적 모형을 직시한 것이 아니고 하늘 자체 안을 직시하며 영광 가운데 보좌에 앉으신 여호와를 목도했던 것입니다.

이사야는 여호와의 옷자락이 하늘 성전에 가득한 것을 목격했습니다. 이 이미지는 시편 104장 1c-2절을 상기시켜 줍니다.

> 주는 심히 위대하시며 존귀와 권위로 옷 입으셨나이다. 주께서 옷을 입음 같이 빛을 입으시며 하늘을 휘장 같이 치시며. (시 104:1c-2)

여호와의 옷자락은 당신의 영광을 드러내기 위해 자신을 휘감고 있는 빛나는 의복 같았습니다. 그러므로 이사야는 불변하시고 자족하시며 살아계신 삼위 하나님의 영광, 바로 그 영광으로 하늘 성전을 가득 채우고 있는 하나님의 의복을 본 것입니다.

이사야는 또한 하나님의 영광의 충만함을 바라보고 있는 스랍들을 목도했습니다. 느헤미야 9장 6절이 가르치듯 천사들은 끝없는 경배와 찬양으로 하나님의 영광스러운 현존 주위를 둘러싸고 있습니다. 하지만 하나님의 현존 가운데 있으면서도 그들은 그들의 피조성을 드러내는 눈과 발을 가리고 있습니다. 그리고 경배하며, "거룩하다 거룩하다 거룩하다 만군의 여호와여"라고 소리칩니다. 스프로울R. C. Sproul은 거룩하신 하나님에 대한 언급은 하나님께 죄가 없다는 뜻이 아니라 하나님이 전적으로 피조세계 위에 높이 들려 계심을 말한다고 지적합니다.[1] 곧 하나님은 아버지와 아들과 성령으로 당신 안에 생명, 영광, 충만함, 사랑 등을 가지고 계심을 뜻합니다. 그 충만함의 광채는 경배를 자아내는 당신의 영광입니다. 만물 위에 생명을 부여하신 이는 당신께 영광을 돌리도록 지음받은 피조물의 경배와 찬양 가운데 둘러싸여 계십니다.

이 모든 것을 목도한 이사야는 자신에게 저주를 내립니다:

> 그 때에 내가 말하되 화로다 나여 망하게 되었도다. 나는 입술이 부정한 사람이요 나는 입술이 부정한 백성 중에 거주하면서 만군의 여호와이신 왕을 뵈었음이로

---

1) R. C. Sproul, *The Holiness of God* (Wheaton: Tyndale House, 1985), 52.

다 하였더라. (사 6:5)

이사야는 피조물에게 양도될 수 없는 하나님의 영광의 충만함을 인식한 것입니다. 바로 이 영광이 창세기 1장 1절에 이미 드러난 하나님의 원초적 성전-거소primal temple-dwelling, 즉 가장 높은 하늘 안에 영원히 확고하게 자리잡고 있는 것입니다.

만물이 그에 의해서 창조되되 (골 1:16)

골로새서 1장 15-16절은 가장 높은 하늘이 현재적으로는 가려진 하나님의 원초적 성전 거소로서 그 영광이 영원토록 경배받으시도록 확정된 장소임을 확인해 줍니다:

> 그는 보이지 아니하는 하나님의 형상이시요 모든 피조물보다 먼저 나신 이시니 만물이 그에 의해서 창조되되 하늘과 땅에서 보이는 것들과 보이지 않는 것들과 혹은 왕권들이나 주권들이나 통치자들이나 권세들이나 만물이 다 그로 말미암고 그를 위하여 창조되었고. (골 1:15-16)

16절을 바울이 어떻게 구성하고 있는지 주의해 보면 A-B-B'-A'라는 교차법이 드러납니다:

A: 하늘에서
    B: 땅에서
    B': 보이는
A': 보이지 않는

이런 대구법은 절대적 시작에서 만들어진 모든 것, 즉 현재적으로는 "보이지 않는invisible" 것과 상응하는 "하늘에" 있는 모든 것 그리고 가시적인 하늘을 포함한 "보이는visible" 모든 것들과 상응하는 땅에 있는 모든 것에 대한 바울의 확증이라 할 수 있습니다. 다른 말로 하자면, 골로새서 1장 6절은 창세기 1장 1절의 절대적 시작에 드러난 하늘과 땅에 대한 영감받은 사도적 해설이라 할 수 있습니다.

창조의 두 영역, 곧 불가시적 하늘과 가시적 땅은 성령에 의해서 아들을 통한 아버지의 창조적 역할에 그 존재 기반을 둡니다. 바울은 특히 하늘과 땅의 모든 것들이 영원한 아들을 *통하여through* 그리고 *위하여for* 창조되었다는 사실에 초점을 맞춥니다. 만물이 존재하게 된 것은 그것을 만드신 빛들의 아버지, 영원한 아들, 그리고 영광의 성령이신 삼위일체 하나님을 경배하도록 하기 위함이었습니다. 여기에는 가장 높은 하늘이 포함되는데 곧 하나님의 영광이 영원히 거주하는 하나님의 원초적 성전-거소입니다. 참 종교의 최상 표현이 여기에서 발견되는데 하나님은 전적으로 당신만을 위하여 경배받으시기 때문입니다.

거기는 그리스도께서 계시느니라 (골 3:1-2)

현재적으로는 가려져 있는 이 천상적 하나님의 영광의 영역은 영원하신 아들이 그리스도로서 승귀하신 장소입니다.

> 그러므로 너희가 그리스도와 함께 다시 살리심을 받았으면 위의 것을 찾으라. 거기는 그리스도께서 하나님 우편에 앉아 계시느니라. 위의 것을 생각하고 땅의 것을 생각하지 말라. (골 3:1-2)

당신의 백성의 대표자 그리고 중보자로서 그리스도는 불가시적 하늘 안으로 승천하셨는데, 바울은 이를 "위에 있는 것들" 그리고 에베소서 1장 3절에서는 "하늘에 있는" 것이라고 부릅니다. 인간이 죄로 타락한 이후 이 승천하심은 구속적 요소를 띠게 됩니다. 하지만 타락 이전 혹은 타락과 상관없이도, 죄에 대한 어떤 관련성 없이도, 심지어 인간이 흙의 먼지로 아직 만들어지기 이전에, 주권적 삼위일체 하나님은 가장 높은 하늘에 장막을 치시고 당신 백성의 최고선으로서 그 영광의 충만하심 가운데 거하고 계셨습니다. 이것은, 죄가 세상에 들어오기 이전이나 이후 혹은 구속의 필요성이 생기기 이전이나 이후를 막론하고, 참 종교의 심장입니다.

현재적으로는 가려져 있는 천군들의 끝없는 경배를 자아내는 신적 영광의 영역 그리고 그리스도께서 승천하신 장소가 있다는 사실을 파악해야 할 중요성이 무엇일까요? 보스Geerhardus Vos나 클라인Meredith Kline 같은 신학자들이 주지한 바와 같이, 이런 사실은 하나님의 백성들로 하여금 천상-지향적heavenly-minded이 되게 합니다. 하나님의 백성의 마음과 정신이 가시적 하늘과 땅에 있는 모든 것을 대체하는 영역을 향해 열려 있게 됩니다. 바로 도둑이 들지 못하는 곳, 좀이나 동록이 해하지 못하는 곳, 언제나 그 백성의 경이와 찬양을 자아내도록 하나님의 영광이 찬란한 곳입니다.

미리보기

가시적인 하늘과 땅의 아래 영역은 가장 높은 하늘 위에 있는 영광의 모형replica으로서 정당하게 인식될 수 있습니다. 땅의 먼지로 조성하여 생기를 불어넣어 당신의 형상으로 만든 아담에게 명령하신 것은 이 높은 영역을 향한 것이었습니다. 하나님은 또한 언약으로 아담에게 낮추어 찾아오심으로 아담과 그 자손들에게 이 높은 영역을 열어놓으셨고 마침내 언젠가 그들이 가장 높은 하늘에서 참 종교의 완성된 표현을 즐기도록 하셨습니다. 간단히 말하면, 원래 인간은 언약 아래에서 언약의 머리인 아담의 대표적 순종을 통해서 하나님의 천상적 영광으로 들어가도록 설정되었던 것입니다. 그러나 인간의 창조와 언약의 제정 이전에 창세기 1장 2절은 성령과 가장 높은 하늘 사이의 관계를 조명해 줍니다. 다음 장에서는 가장 높은 하늘이 어떻게 보다 구체적으로 성령의 영광의 영역임을 입증해 보겠습니다. 경배와 찬양을 자아내기 위해 그 장소에 내주하는 하나님의 영광으로 채우는 분은 다름 아닌 성령이십니다.

 토의할 문제

1. 창세기 1장 1절은 *절대적absolute* 시작을 어떻게 묘사하는가?

2. 왜 하늘은 창조된created 장소라고 주장해야 하는가? 불가시적인 가장 높은 하늘이 절대적 시작을 가지고 있지 않다면 신론the doctrine of God은 무슨 의미로 이해될 수 있을까?

3. 가장 높은 하늘은 가시적 하늘과 어떻게 구분되는가? 창조 기사는 어떻게 그것들을 구분하고 있는가?

4. 가장 높은 하늘을 묘사해 보시오 (사 6:1-6을 보라)

5. 부활하신 이후 그리스도는 어디로 승천하셨는가 (골 3:1)?

6. 고린도후서 5장 7절에서 사도 바울은 우리가 "믿음으로 행하고 보는 것으로 행하지 아니한다walk by faith, not by sight"고 했는데, 그리스도의 승천이 불가시적 하늘의 베일을 벗겨냄에 있어 우리에게 어떤 소망을 주는가?

언약신학의토대 | chapter 04

성령은 하늘 - 성전을 채운다

chapter 04

성령은 하늘 – 성전을 채운다

지난 2장과 3장에서 우리는 다른 중요한 성경 구절들에서도 확증되고 있는 창세기 1장 1절의 절대적 시작에 관해 집중했습니다. 살펴본 본문들은 선택된 천사들과 당신의 언약 백성들로부터 경배받기 위해 삼위일체 하나님께서 불가시적 하늘–성전heaven-temple에서 그의 불변하는 영광을 전시하고 계심을 가르쳐 줍니다. 창세기를 시작하는 처음 두 구절이 중요하고, 집중해서 지면을 할애할 가치가 있는 이유는 행위 언약 the covenant of works과 하나님의 형상에 대한 적절한 이해에 기본이 되기 때문입니다. 이런 이유로 본 장에서는 창세기 1장 2절을 따라가며 가장 높은 하늘에서 하나님의 영광–성전glory-temple 가운데 있는 성령의 임재하심을 살펴보겠습니다. 성령의 영광이 어떻게 경배와 찬사의 영역인 가장 높은 하늘과 관련되어 있는지가 초점이 되겠습니다 (느 9:6; 사 6:1–6). 원초적이고 원래적인 하나님의 영광이 거하는 장소인 가장 높은 하늘은 보다 특정적으로 성령의 영광이 거하는 장소로 확인될 것입니다.

하나님의 지상적이고 천상적인 장막

시편 104장 1-2절에 보면 여호와께서는 가장 높은 하늘을 장막/휘장tent처럼 펼치시고 stretched out 거기에서 빛의 옷을 두르시고 영광 가운데 거하십니다. 여기 하늘을 펼치신다는 표현은 모세 언약에서 비롯된 것으로 당신의 백성 가운데 하나님의 임재가 거하시는 지상적 모형인 성막을 염두에 둔 것입니다. 모세 언약 아래에 대제사장은 지상적 장막에 들어갈 때 아름답고 영광스러운 거룩한 옷을 입고 들어갔습니다(출 28:2). 거기에서 거룩하지 못한 백성을 위해 하나님의 거룩한 면전에서 피로 중보했습니다. 희생적 피의 수단으로 이스라엘 백성은 씻겨져 하나님께 성별되었는데 이는 오실 그리스도를 예표했습니다. 지상적 성막은, 모든 형태의 세대주의 dispensationalism의 주장과는 정반대로, 그 본질에 있어서 가장 높은 하늘에 하나님이 펼치신 원형적archetypal, original 장막에 대한 모형ectype, copy이었습니다. 그러므로 하나님의 원형적 장막은 지상적인 것이 아니라 천상적인 것이었습니다.

천상적 장막과 지상적 장막 사이의 이런 원형-모형의 관계는 이 장소들을 하나님의 영광으로 채우시는 성령의 역할을 이해하는데 도움을 줍니다. 하나님의 영광은 지상적 장막을 충만케 함으로 (출 40:34) 그 백성을 향한 당신의 언약, "나는 너희 하나님이 되고 너희는 내 백성이 되리라"는 말씀을 확증하고 (렘 7:23; 창 17:7도 보라; 출 6:6; 렘 31:33) 그 장소에서 당신의 백성의 경배와 찬사를 자아냈습니다. 동일한 진리가 하늘에 있는 원형적 장막에서도 적용됩니다.

하나님의 영은 수면 위에 운행하시니라 (창 1:2)

성령의 영광이 지상적 장막을 채우고 있다는 사실은 보다 넓게 성경을 살펴볼 때 명백해집니다. 창세기 1장 2절에 보면 영이 새의 형태로 형체가 없는 공허의 원초적 수면/물 위에 맴돌고/운행하고hovers 계십니다. 이 영이 수면 *위에서from above* 운행하고 있음을 유의하십시오. 즉 하나님의 영은 하나님의 영광으로 채우시는 원형적인 천상의 장막으로부터 운행하고 계십니다 (시 104:2). 하나님의 영광의 원래적인 운행 임재하심은 성령의 거처인 가장 높은 하늘에 있습니다. 다른 말로 하자면, 하나님의 천상적 장막은 성령이 계시는 장소인데 삼위일체 하나님의 영광으로 불붙고 있는 곳입니다. 그러므로 하나님 자신이 두르고 계시는 빛의 의복은 하나님의 영광으로 가장 높은 하늘을 채우고 계신 성령과 연관되어 있습니다.

클라인Meredith Kline은 이를 "영의 현현epiphany of the Spirit"이라 부릅니다.[2] 현현이란 영의 인격 가운데 하나님의 영광을 자기-계시self-revelation함입니다. 천상적 장막이 펼쳐지자마자 성령은 동시에 그 장소를 에워싸시고 하나님의 영광으로 채우십니다. 성령이 거주하시는 곳은 무엇 보다 가장 먼저 가장 높은 하늘이고 그곳은 하나님의 영광을 위해 장막처럼 펼쳐진 성전 거소입니다. 그러므로 성령의 면전에서 거하는 것은 곧 하늘에 거하는 것입니다. 클라인의 말처럼, 성령론은 종말론의 영역인데 곧 성령의 인격과 사역은 하나님의 영광이 영구히 거주하는 장소입니다.

그러므로 창세기 1장 1절의 절대적 시작은 성령께서 하나님의 영광을 위하여 가장 높은 하늘을 왕권적 성전 거소로 만드시는 문맥으로 이어집니다. 성령은 그 영역을 거룩하게 하고 하나님이 그 영광 가운데 경배받고 찬사받는 곳으로 드러나도록 거룩한 장소로 구별합니다. 그렇다면 창조는 하나님의 거룩한 거소인 천상적 성전을 채우기 위해 성령이 그 왕권적 영광 가운데 등장하심으로 이해될 수 있습니다. 이 장소는 이후에 위대한 왕의 도시, 시온산Mount Zion으로 알려질 것이었습

---

2) Meredith G. Kline, *God, Heaven, and Har Magedon: A Covenantal Tale of Cosmos and Telos* (Eugeune, OR: Wipf & Stock Publishers, 2006), 13.

니다. 이런 이유로 창세기 1장 2절을 반영하고 있는 시편 104장 2절은 *구속적redemptive*이고 *지상적인earthly* 범주가 아니라 *창조적creational*이고 *천상적인heavenly* 범주로 성령의 찬란한 영광을 묘사하고 있는 것입니다. 창조적이고 천상적인 것은 구속적이고 지상적인 것을 앞섭니다.

이를 염두에 둔다면 이제 우리는 성경이 극도로 하나님 중심적인 관심을 소유하고 있다는 이전의 주장을 강화할 수 있습니다. 하나님 중심적 관심은 성령과 하늘-중심적 관심임이 명백히 드러납니다. 삼위일체 하나님의 영광에 관심을 두는 것은 그의 영광이 방출되는 영역에 대한 관심을 두는 것입니다. 그리고 그 영역은 성령이 거주하시는 가장 높은 하늘인데 경배를 목적으로 영광으로 채우십니다.

하나님의 영과 하늘은 창조 경륜 가운데 나누어질 수 없이 연결되어 있습니다. 창조의 사건에서 불변하고 자족하시며 살아있는 성령이 하나님의 영광과 능력과 임재로 가장 높은 하늘을 채우십니다. 이 때문에 천군천사들이 성령 가운데 경배와 찬사를 발하게 되는 것입니다. 그 장소를 천상적으로 만드는 것은 가장 높은 하늘에 계신 성령의 영구한 임재인데, 곧 영광과 경배의 장소이며 궁극적으로는 안식의 쉼Sabbath rest의 장소입니다.

성령의 이 동일한 창조적 행위가 반복되어 하나님의 영광이 모세의 성막을 채우고 이후 솔로몬의 성전을 채웁니다 (왕상

8:10-11). 하지만 이 지상적 장소들은 원래의 것the original이 아닙니다; 장막처럼 펼쳐진 가장 높은 하늘에 위치한 원래 것의 복사판들copies입니다. 이 원형적-모형적 관계는 구속 역사에서 영광으로 성막을 채움이 창조 시에 영광으로 가장 높은 하늘을 성령이 채우심에 대한 내용을 조명해 줍니다 (창 1:2). 이와 연관하여 특히 도움이 되는 두 가지 본문, 출애굽기 40장 33-38절과 신명기 32장 10-11절을 차례로 살펴 보겠습니다.

여호와의 영광이 성막에 충만하였다 (출 40:33-38)

출애굽기 40장 33절에 보면 "그는 또 성막과 제단 주위 뜰에 포장을 치고 뜰 문에 휘장을 다니라 모세가 이같이 역사를 마치니"라고 합니다. 마지막 문장은 하나님의 창조 사역의 마침을 암시하고 있습니다 (창 2:1). 이는 모세 시대에 구속적 재창조가 전형되고typified 있음을 보여 줍니다. 출애굽기의 이야기는 계속 되기를,

> 구름이 회막에 덮이고 여호와의 영광이 성막에 충만하매 모세가 회막에 들어갈 수 없었으니 이는 구름이 회막 위에 덮이고 여호와의 영광이 성막에 충만함이었으며. (출 40:34-35)

성막은 하나님의 영광으로 가득 채워졌는데 그로 인한 빛나고 장엄한 하나님의 임재 때문에 모세는 들어갈 수가 없었습니다. 구름은 성령 영광의 임재인데 클라인은 이를 "영광-구름glory-cloud"이라고 부릅니다.

> 구름이 성막 위에서 떠오를 때에는 이스라엘 자손이 그 모든 행진하는 길에 앞으로 나아갔고 구름이 떠오르지 않을 때에는 떠오르는 날까지 나아가지 아니하였으며 낮에는 여호와의 구름이 성막 위에 있고 밤에는 불이 그 구름 가운데에 있음을 이스라엘의 온 족속이 그 모든 행진하는 길에서 그들의 눈으로 보았더라. (출 40:36-38)

모세 아래 이스라엘은 가시적으로 전시되고 있는 하나님의 영광이 하늘의 모형인 지상 성막에 들어가는 것을 목도했습니다. 이 영광은 성령이 장막처럼 펼치신 가장 높은 하늘에 존재하는 원초적 영광에 대한 구속적 재생recapitulation이었습니다. 가장 높은 하늘에 있는 하나님의 고상한 성전-거소temple-dwelling로부터 성령은 지상적 모형으로 내려오셔서 하나님의 영광으로 그것을 채우신 것입니다.

성막으로 들어오셔서 그것을 채우시는/충만케 하시는 성령의 영광스러운 임재로 하나님은 종교적인 교제와 연합의 결속으로 당신의 백성에게 자신을 결속시키십니다. 출애굽기 40장 33-38절은 창세기 1장 2절에 대한 하나의 구속적이고 모형적인 재현redemptive and typological reenacment입니다. 나아가 이는 약속의 메시아 (구약) 그리고 승천하신 메시아 (신약)를 통한 하나님의 백성 가운데서 성령의 역사하심의 완성을 예견하고 있습니다.

독수리 날개로 (출 19:4; 신 32:10-11)

창세기 1장 2절에 있는 성령의 사역을 조명해 주는 두 번째 구절은 신명기 32장 10-11절인데, 이는 이스라엘의 출애굽에 대한 주석입니다. 출애굽기 19장 4절은 일종의 출애굽 서언같이 도움이 되는 배경을 제공합니다: "내가 애굽 사람들에게 어떻게 행하였음과 내가 어떻게 독수리 날개로 너희를 업어 내게로 인도하였음을 너희가 보았느니라." 단지 지형학적 변화가 아니라 출애굽은 하나님이 당신의 백성을 당신 *자신에게 himself* 인도하신 행위였습니다. 이 행위는 독수리의 날개 위에 진행되었는데 하나님의 영이 그들 위에서 운행하고/맴돌고 계시는 모습입니다. 창세기 1장 2절에서 하나님의 영광스러운 임재로 가장 높은 하늘을 채웠던 그 동일한 운행하시는 영이 살아계시고 참되신 하나님을 경배하는 자들을 지키십니다. 그 영광을 보기 위해 독수리 날개 위에 그 백성을 인도하심은 가장 높은 하늘에서 성령의 원초적 거주하심을 상기시킵니다.

이런 배경을 가지고 이제 신명기 32장 9-12절이 말하는 것을 주목하십시오.

> 여호와의 분깃은 자기 백성이라. 야곱은 그가 택하신 기업이로다. 여호와께서 그를 황무지에서, 짐승이 부르짖는 광야에서 만나시고 호위하시며 보호하시며 자기의 눈동자 같이 지키셨도다. 마치 독수리가 자기의 보금자리를 어지럽게 하며 자기의 새끼 위에 너풀거리며 그의 날개를 펴서 새끼를 받으며 그의 날개 위에 그것을 업는 거 같이 여호와께서 홀로 그를 인도하셨고 그와 함께 한 다른 신이 없었도다. (신 32:9-12)

출애굽기 19장 4절과 같이 신명기 32장 9절은 하나님이 자기 백성, 곧 자기 분깃을 자신에게 데려오심을 말하고 있습니다. 여기에서 하나님은 애굽에서 그리고 "광야의 부르짖는 황무지waste[히. tohu]"에서 그들을 인도했다고 합니다. 이는 "땅이 공허[tohu]하고" 하나님의 영이 천상적 성전으로부터 내려와 원초적 수면 위에 운행하시던 언어에서 비롯된 것입니다. 이제 성령은 하나님의 보호하시는 임재 가운데 이스라엘을 감싸고 그들 위에 운행하고 계십니다. 더구나 성령은 천상적 본향에 대한 그림자요 모형인 약속의 땅 가나안 보다도 더 위대한 영역과 연관되어 있습니다 (히 11:13-16). 성령의 임재하심은 이스라엘 백성에게 다음과 같은 사실을 상기시켜줍니다: 이 구속적 운동이 하나님의 백성의 궁극적이고 완성된 거소인 가장 높은 하늘을 보여주기 위해 의도된 것이며 그것의 그림자가 가나안 땅 위에 펼쳐져 있었다는 사실입니다.

성령, 하늘, 그리고 송축

지금까지 우리는 성령과 하늘이 *나눌수 없이inseparably* 연결되어 있음을 보았습니다. 하나님이 하나로 만드신 것은 그 어떤 신학자도 나눌 수 없습니다. 더구나 성령과 하늘 사이의 이 나눌 수 없는 연결고리는 또한 *영구한permanent* 것입니다. 클라인Meredith Kline은 이를 성령께서 자신의 인격적 임재 가운데 하나님의 영광의 충만함을 지니시면서 경배받기 위해 하늘 성전에서 "영광 가운데 계심indoxated"이라고 표현했습니다. 하나님이 거하시는 곳에서는 어디에서나 송축과 경배가 *반드시must* 동반되어야 한다는 뜻입니다. 다르게 말하자면 하나님의 영광의 임재 앞에서 피조물의 상상할 수 있는 유일한 반응은 하나님만을 위해서 경배와 찬사로 거룩하신 삼위일체 하나님 앞에 엎드리는 것입니다.

느헤미야 9장 6절에 따르면 하늘의 천군이 그 영의 원형적 영광 가운데 자신을 드러내신 여호와를 경배한다고 말합니다. 이것이 영과 진리로 드리는 참 경배입니다. 이 동일한 성령의 영광이 스랍들로 하여금 그 눈과 발을 가리고 삼위일체 하나님께 송축의 노래를 하게 만듭니다 (사 6:2-3). 천사든지 인간이든지, 하늘의 천군이든지 땅의 형상을 지닌 것들이든지, 모든 피조물은 웅대한 한 가지 목적을 위해 만들어졌습니다: 하나님 찬양을 선포하고, 그의 영광을 드러내며, 그리고 하나님 자신으로부터 온전한 피조적 만족을 받는 것입니다.

미리보기

성령의 임재하심은 하나님 자신의 임재하심인데 그는 영광 받으심/송축doxology을 요구하십니다. 이제 가시적 하늘과 땅의 창조, 하나님의 형상인 인간의 조성, 그리고 행위 언약의 설정으로 넘어가 보겠습니다. 타락 이전 형상을 지닌 자들의 자연스러운 반응은 자발적으로 온 영혼을 동원하여 성령의 인격적 임재 가운데 삼위일체 하나님의 영광을 경배하는 것이었습니다. 다음 장에서는 어떻게 성령이 가장 높은 하늘 가운데 있는 하나님의 성전-거소의 복사판으로서 가시적 하늘과 땅을 형성하게 되었는지에 집중하겠습니다. 성령의 사역으로 말미암아 하늘 혹은 땅 혹은 바다를 볼 때 인간의 마음은 하늘에 있는 하나님의 영광을 향하여 위로 열려 있습니다. 보다 구체적으로 에덴은 하나님이 당신의 영광을 드러내어 당신의 형상을 지닌 자들이 언약 아래에서 완전하고 인격적이며 정확하고 전적인 순종을 통해 가장 높은 하늘에 있는 성령의 영광스러운 면전으로 옮겨지고 들려지는 장소가 될 것이었습니다.

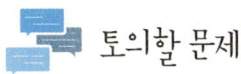 토의할 문제

1. 성막은 어떤 면에서 하늘의 "복사판copy"이라 할 수 있을까? (출 25:40; 히 8:5을 보라)

2. 하나님은 가장 높은 하늘을 당신의 영광이 거할 영역으로 창조했는데 그곳은 어떻게 묘사되고 있나?

3. 성령은 이스라엘 위에 어떻게 "운행하고/맴돌고" 있는가? 이 운행하심은 하나님의 성품에 대해 무엇을 말해주는가? 하나님의 백성이 궁극적으로 속해 있는 곳에 대한 무엇을 말하는가?

4. 이런 방식으로 당신을 계시하신 하나님에 대한 피조물들의 온당한 반응은 무엇인가?

5. 오늘날 그리스도인은 땅에서 경배하는가 아니면 하늘에서 경배하는가? 설명하시오.

언약신학의 토대 | chapter 05

가시적 하늘과 땅의 창조

chapter 05
가시적 하늘과 땅의 창조

지금까지 우리는 절대적 시작 (창 1:1)과 성령의 영광스러운 임재 (창 1:2)에 대한 성경적 자료들을 다루어 왔습니다. 가장 높은 하늘이 창조되던 그 시간, 성령은 그 불가시적 영역으로 들어가서 천군에 의해 경배받기 위해 그곳을 영광으로 채웠습니다. 이후 성령은 동일하게 이스라엘을 하나님 자신에게로 인도하기 위해 독수리 날개 위에 애굽에서 이스라엘을 인도하며 그 위에 운행하였고 (출 19:4), 영광으로 성막을 채우기도 했습니다 (출 40:34). 성령 영광의 알파 지점은 절대적 시작이었고 창세기 1장 2절에서는 가시적 하늘과 땅에서 원초적 영광의 재생산 과정을 시작합니다.

> 그 땅이 혼돈하고 공허하며 흑암이 깊음 위에 있고 하나님의 영은 수면 위에 운행하시니라 (창 1:2)

본 장의 핵심 주제는 공허함 위에서 성령의 운행하심은 불가시적 하늘에 있는 하나님의 영광의 모형으로서 가시적 하늘과 땅의 창조를 조명함에 있습니다. 6일간의 창조는 단지 창조 일반으로서가 아니라 절대적 시작 가운데 하나님이 창조하신 것의 모형*replication*으로 간주되어야만 합니다. 창조는 이제 가시적 형태 가운데 하나님의 천상적 영광의 지속적인 모형입니다.

가시적 하늘의 창조 (창 1:6-8)

먼저 주목해야 할 점은 창세기 1장 6-8절에 따른 가장 높은 하늘과 가시적 하늘 사이의 관계입니다. 창세기 1장 6-8절입니다.

> 하나님이 이르시되 물 가운데에 궁창이 있어 물과 물로 나뉘라 하시고 하나님이 궁창을 만드사 궁창 아래의 물과 궁창 위의 물로 나뉘게 하시니 그대로 되니라. 하나님이 궁창을 하늘이라 부르시니라. 저녁이 되고 아침이 되니 이는 둘째 날이니라. (창 1:6-8)

"하늘"(shamayim)에 해당하는 히브리어 단어는 창세기 1

장 1절에서 "하늘the heavens (hashamaim)"을 언급하는 말과 동일한 어원입니다. 왜 가장 높은 하늘과 가시적 하늘을 언급하면서 동일한 어원의 단어를 사용했을까요? 이유는 가시적 하늘이 가장 높은 하늘의 영광의 모형으로서 만들어졌다고 보이기 때문입니다. 다시 말하자면 가시적 하늘은 가시적이고 유형적인 색다른 양상으로 가장 높은 하늘의 영광을 반영하며 계시하고 있는 것입니다.

하나님의 "…있으라Let there be" 하심은 성령으로부터의 기운부심spirated, breathed-out의 말씀이었습니다. 혼돈과 공허의 원초적 수면 위에 운행하셨던 성령은 이제 땅에서 바라볼 때 영광스러운 돔과 같은 궁창 곧 가시적 하늘을 존재케 하십니다. 이 궁창 안에서 태양과 달과 별들의 영광을 볼 수 있습니다. 이 천상적 물체들은 땅에 있는 인간들의 마음과 정신을 성령의 영광이 거주하는 가장 높은 하늘로 향하도록 의도된 것입니다 (시 8:1).

그러므로 성령은 불가시적 하늘에 이미 존재하고 있는 것을 가시적 영역에서 재창조하고 있는 것입니다. 하지만 가장 높은 하늘은 영구하고 지속적인 영역으로 하나님이 당신의 영광 가운데 항상 경배받기 위해 거하고 계시는 곳인 반면, 가시적 하늘은 이미 우리가 시편 102장에서 본 것 같이 비영구적이고 시공적인 형태로 그 영광을 모형하고 있습니다. 가시적 하늘은 가장 높은 하늘의 시공적 모형replica이며 의복과 같이 결국은 낡아지고 말것입니다.

가시적 땅의 창조 (창 1:9-13)

창조 3일째 가시적 땅이 존재하도록 성령이 말씀하십니다:

> 하나님이 이르시되 천하의 물이 한 곳으로 모이고 뭍이 드러나라 하시니 그대로 되니라. 하나님이 뭍을 땅이라 부르시고 모인 물을 바다라 부르시니 하나님이 보시기에 좋았더라. 하나님이 이르시되 땅은 풀과 씨 맺는 채소와 각기 종류대로 씨 가진 열매 맺는 나무를 내라 하시니 그대로 되어 땅이 풀과 각기 종류대로 씨 맺는 채소와 각기 종류대로 씨 가진 열매 맺는 나무를 내니 하나님이 보시기에 좋았더라. 저녁이 되고 아침이 되니 이는 셋째 날이니라. (창 1:9-13)

땅의 형성은 가시적 하늘과 가시적 땅 사이의 구분에 그 초점이 맞추어져 있습니다. 이 둘은 함께 현재 가장 높은 하늘에 가려져 있는 영광에 대한 가시적 복사/모형을 형성합니다. 클라인Meredith Kline에 의하면 2일과 3일은 원형적이고 천상적인 상부층upper-level의 실체들을 모형적이고 지상적인 하부층

lower-level의 형태로 재생산하는 현저하고도 확장된 양식을 담고 있습니다.[3] 또 한번 여기서 드러나는 사실은 단순히 창조 일반 이상으로 *재생replication*의 뜻을 담고 있습니다. 성령의 창조적 기운부심과 능력으로 하나님은 *존재하지 않는 것을 존재케* 하실 뿐아니라, 가시적 형태로 당신의 영광을 재생하심으로 그것들을 보는 모든 이들로 하여금 위의 있는 것들을 상고하도록 인도하십니다. 창세기 1장에 따른 가시적 하늘과 땅은 그의 형상을 지닌 자들로 하여금 위를 바라보며 가장 높은 하늘에 나눌 수 없이 영구하게 연결되어 있는 하나님의 영광을 묵상하도록 의도되었습니다.

피조적 왕국과 피조적 임금

창조 주간에 일어나고 있었던 일은 이제 보다 넓은 틀에서 관찰될 수 있습니다. 전반 3일과 후반 3일은 두 가지 병행적인 부분으로 나뉠 수 있습니다. 전반 3일 동안 피조적 왕국 creature kingdoms이 존재케 되었습니다: 빛과 어두움, 가시적 하늘, 그리고 가시적 땅입니다. 후반 3일 동안 피조적 임금들 creature kings이 형성되었습니다: 하늘의 광명체, 바다 생물과

---

3) Meredith Kline, *God, Heaven, and Har Magedon*, 33.

새, 땅의 짐승들, 그리고 가장 극적으로 인간이었습니다.

드러내어 경배받도록 하나님이 당신의 영광을 표출하신 곳, 성전-거소로서의 가장 높은 하늘을 만드신 것과 동일한 방식으로 가시적 하늘과 땅의 창조는 그의 영광을 가시적으로 모형하는 영역과 통치자를 두었습니다. 피조적 왕국과 피조적 임금들이 있는 가시적 하늘과 땅은 가장 높은 하늘의 영광을 *계시하는reveal* 동시에 또한 *가려줍니다veil*. 불가시적 하늘의 복사판으로 창조된 가시적 하늘과 땅은 불가시적 하늘을 계시해 줍니다. 그러나 가시적 하늘과 땅은 또한 불가시적 하늘을 가려주는데, 이는 하늘의 영광이 가시적 복사판에 충만히 내포되어 있지 않기 때문입니다. 그러므로 가시적 하늘과 땅은 단지 하나님의 영광의 표현일 뿐 아니라 하나님만을 위하여 하나님을 경배하도록 지음받은 피조물을 위한 하늘에 *저장된 reserved in heaven* 하나님의 영광의 표현인 것입니다.

미리보기

가시적 하늘과 땅은 가장 높은 하늘에 있는 하나님의 영광에 대한 가시적 모형으로서 하나님에 의해 형성되었으며, 바로 그 영광은 에덴 동산에서 가장 집약된 모형으로서 나타나는데 그 중앙에는 하나님의 산이 있습니다. 이 산은 인간에게 경배적 오름worshipful ascent의 장소인데 이는 영광으로 그곳을 불태우는 성령이 그곳으로 내려오시기 때문입니다. 땅의 먼지로부터 지음받아 하나님의 형상을 지닌 자들은 이 산으로 올라가 하나님과 집중적인 종교적 교제를 즐기게 되는데, 이는 그러한 교제의 완성이 땅에서가 아니라 가장 높은 하늘에서 완성될 것을 가리킵니다. 에덴은 인간이 하늘에 계시는 하나님의 영광에 초점을 맞추도록 적절히 정돈된 곳이고, 땅에서 하나님과의 언약 가운데 유예 기간을 거치는 경우 하나님의 천상적 성전-거소에서 하나님의 영속적 영광을 즐기도록 인간을 위해 준비된 것입니다.

 토의할 문제

1. 로마서 1장 20절에 따르면 "그의 보이지 아니하는 것들, 곧 그의 영원하신 능력과 신성이 그가 만드신 만물에 분명히 보여 알려졌나니"라고 했는데, 창조의 날들 가운데 하나님의 어떤 속성들이 명확히 드러나고 있는가?

2. 창세기 1장 2절에서 수면 위에 운행하시는/맴돌고 계시는 성령은 무엇을 준비하고 계셨는가?

3. 가시적 하늘과 땅은 가장 높은 하늘과 어떻게 연관되어 있는가?

4. 창조 1일에서 3일까지 하나님은 무엇을 창조하셨는가? 4일에서 6일 사이에는 무엇을 창조하셨는가? 이렇게 전반부에 창조된 것과 후반부에 창조된 것들이 어떻게 연관되어 있는가?

5. 제7일에 하나님은 아무것도 창조하지 않는데 이 날의 중요성은 무엇인가? 이는 우리에게 어떻게 천상지향적인 의미를 가지는가?

언 약 신 학 의 토 대 | chapter 06

하나님을 향한
경배적 오름의 장소로서의
에덴

chapter 06
하나님을 향한 경배적 오름의 장소로서의 에덴

가장 높은 하늘의 모형으로서 가시적 하늘과 땅의 의미를 살펴보았으니 이제 가장 높은 하늘에 대한 보다 집중된 모형으로서의 에덴에 집중할 때가 되었습니다. 에덴에 거주하게 된 하나님의 형상을 지닌 자들을 이해하기 위해서는 먼저 에덴을 이해해야만 합니다.

> 여호와 하나님이 동방의 에덴에 동산을 창설하시고.
> (창 2:8-14)

창세기 2장 8-14절은 가장 높은 하늘에서 하나님의 성전-거소를 채우시는 성령의 영광스러운 임재를 회상시켜주는 몇 가지 핵심적인 지형학적 특징들을 기록하고 있습니다.

> 여호와 하나님이 동방의 에덴에 동산을 창설하시고 그 지으신 사람을 거기 두시니라. 여호와 하나님이 그 땅에서 보기에 아름답고 먹기에 좋은 나무가 나게 하시니 동산 가운데에는 생명 나무와 선악을 알게 하는 나무도 있더라 강이 에덴에서 흘러 나와 동산을 적시고 거기서부터 갈라져 네 근원이 되었으니 첫째의 이름은 비손이라 금이 있는 하윌라 온 땅을 둘렀으며 그 땅의 금은 순금이요 그 곳에는 베델리엄과 호마노도 있으며 둘째 강의 이름은 기혼이라 구스 온 땅을 둘렀고 셋째 강의 이름은 힛데겔이라 앗수르 동쪽으로 흘렀으며 넷째 강은 유브라데더라. (창 2:8-14)

여기에서 에덴은 하나님의 천상적 성전-거소를 모형하는 하나님의 영광의 지상적 성전-거소로 묘사되고 있습니다. 하나님의 영광이 천상적 성전을 채운 것과 동일한 방식으로 하나님의 영광이 에덴을 채웠는데 강들과 고귀한 보석들이 이를 반영합니다. 더구나 에덴은 당신과의 종교적 교제를 위해 하나님의 형상을 지닌 자로서 아담을 두시기 위해 하나님이 특별히 창조하신 장소입니다. 하나님이 경배받기 위해 천상적 성전에 거하신다면, 마찬가지로 경배받기 위해 지상적 성전에도 거하시는 것입니다.

위의 본문은 에덴에 대해 무엇을 보여줍니까? 첫째, 인간 생명을 위한 나무 열매와 식물들의 생산입니다. 하와가 이후 선악을 알게 하는 나무의 열매를 관찰했을 때 먹음직도 하고 보암직도 했는데 틀린 것은 아니었습니다. 에덴에서 산출되는 열매는 하늘에 있는 하나님의 영광과 아름다움을 모형했습니다. 생명을 지속하기 위해 음식이라는 하나님의 선물은 그의 영광을 반영했던 것입니다.

둘째, 에덴으로부터 큰 강이 동산 안으로 흘러 들어갔습니다 (창 2:10). 이 또한 에덴으로부터 넘쳐나는 생명을 주는 자양물에 대한 아름다운 지상적 묘사입니다. 이 강물은 만물에 생명을 부여하기 위해 원초적 수면 위에 운행하시던 성령에 흡사하게 비유됩니다. 이 강물은 또한 하늘 위에 계신 성령의 넘쳐나는 영광을 상기시켜 줍니다:

> 한 시내가 있어 나뉘어 흘러 하나님의 성 곧 지존하신 이의 성소를 기쁘게 하도다. 하나님이 그 성 중에 계시매. (시 46:4-5a)

에덴이 지상적 성전을 의미하고 있음을 보여주는 셋째 요소는 찬란하고 희귀한 보석들의 존재입니다. 하늘에 있는 하나님의 영광의 광채는 에덴에서 금, 은, 호마노, 그리고 다른 희귀한 보석들의 존재로 그 구체적인 현현을 구현합니다. 하윌라 땅은 "좋은" 금이 있는 곳으로 언급됩니다.

따라서 에덴의 생명과 아름다움은 가장 높은 하늘을 모형하기 위해 의도된 것입니다. 그렇기 때문에 에덴은 독자적인 중요성을 가지고 있지 않습니다; 그 중요성은 하나님의 천상적 영광이 그림자처럼 그리고 잠정적인 방식으로 에덴을 채우고 있다는 사실에 있습니다. 에덴에 있는 모든 것은 가장 높은 하늘에 있는 하나님의 영광에 대한 지상적 모형으로서 계산되어 있는 것입니다. 인간이 마음을 높여 천상적 성전에서 그 영구한 좌소 가운데 있는 하나님의 영광을 향하도록 고안된 것입니다. 형상을 지닌 자들을 하나님이 에덴에 두어 원래의 천상적 성전에서 천사들이 당신을 경배하는 것처럼 그들도 경배토록 하기 위함입니다. 그들은 다 함께 "거룩하다, 거룩하다, 거룩하다, 만군의 여호와여"라고 외칩니다.

여호와의 동산 (창 13:10)

에덴의 지형학을 넘어서 몇 성경 구절은 보다 명확하게 하나님이 당신의 형상을 지닌 자들과 종교적 교제에 들어오시기 위해서 모형된 거룩한 성전인 에덴을 보여줍니다. 첫째는 창세기 13장 10절입니다.

이에 롯이 눈을 들어 요단 지역을 바라본즉 소알까지

> 온 땅에 물이 넉넉하니 여호와께서 소돔과 고모라를 멸하시기 전이었으므로 여호와의 동산 같고 애굽 땅과 같았더라. (창 13:10)

여기서 동산이 에덴 동산 혹은 아담의 동산이 아니라 *여호와의*of the LORD 동산으로 지칭됨을 유의하십시오. 이유는 거기에서 여호와께서 거하셨기 때문입니다. 낮추심의 행동으로 하나님은 거기에서 종교적 교제의 결속으로 당신의 형상을 지닌 자들을 만나주었습니다. 여호와의 임재하심이 그 장소를 당신의 이름을 경배하기 위한 곳으로 거룩하게 했습니다. 이 지상적 동산-성전garden-temple은 전적으로 한 가지 목적을 위해 바쳐졌습니다: 삼위일체 하나님을 경배함이었습니다. 하늘에서 그러했던 것처럼 땅에서도 그러했던 것입니다.

하나님의 동산과 하나님의 산 (겔 28:12-19)

두 번째 구절은 에스겔 28장 13절인데 에덴을 "하나님의 동산"으로 언급합니다. 당신의 형상과 모양으로 조성하신 자들에 의해 경배받기 위해 하나님이 거기 계셨기 때문에 이런 명칭이 주어진 것입니다. 이 모든 것은 "나는 너희 하나님이 되고 너희는 내 백성이 될 것이라"는 하나님의 언약적 약속을 표현하고 있습니다. 이 약속을 성취하기 위해 하나님은 당신의 영광스러운 이름이 경배받도록 성결케 하신 땅으로 그 백성을 인도하십니다. 그러므로 에덴은 단순히 농사짓는 농업을 위한 곳이 아니었습니다; 무엇보다 가장 먼저 그곳은 천상적 성전을 모형하는 거룩한 성전-거소였습니다. 천사들이 하나님의 영광을 목도하면서 하늘에서의 절대적 시작에서 그러했듯이 에덴에서의 시작에서도 그 형상을 지닌 자들이 종교적 교제의 결속 가운데 하나님의 영광을 목도했던 것입니다. 하나님과 아담 사이의 이 교제는 하나님에 의해 시작되고, 하나님에 의해 지속되었으며, 그리고 하나님의 영광을 위해 목적되었습니다. 따라서 우리가 심지어 아담을 생각하기 이전에 아담이 처한 상황은 이미 그의 경배적 목적을 가르치고 있는 것입니다.

에스겔 28장 12-19절은 더 나아가 이러한 사실을 하나님의 동산이 산에 위치했음을 지적해 줍니다. 창세기 2-3장을 해석학적 틀로 사용하면서 에스겔은 두로Tyre 왕의 창조, 죄, 그리고 타락을 묘사합니다. 아담의 후손으로서 두로 왕은 그 조상의 전철을 밟습니다. 이 연결고리는 하나님과 그의 형상을 지닌 자들 사이의 산 위에서의 종교적 관계를 조명해 줍니다.

> 인자야 두로 왕을 위하여 슬픈 노래를 지어 그에게 이르기를 주 여호와의 말씀에 너는 완전한 도장이었고 지혜가 충족하며 온전히 아름다웠도다 네가 옛적에 하

나님의 동산 에덴에 있어서 각종 보석 곧 홍보석과 황보석과 금강석과 홍옥과 홍마노와 창옥과 청보석과 남보석과 홍옥과 황금으로 단장하였음이여 네가 지음을 받던 날에 너를 위하여 소고와 비파가 준비되었도다 너는 기름 부음을 받고 지키는 그룹임이여 내가 너를 세우매 네가 하나님의 성산에 있어서 불타는 돌들 사이에 왕래하였도다 네가 지음을 받던 날로부터 네 모든 길에 완전하더니 마침내 네게서 불의가 드러났도다 네 무역이 많으므로 네 가운데에 강포가 가득하여 네가 범죄하였도다 너 지키는 그룹아 그러므로 내가 너를 더럽게 여겨 하나님의 산에서 쫓아냈고 불타는 돌들 사이에서 멸하였도다 네가 아름다우므로 마음이 교만하였으며 네가 영화로우므로 네 지혜를 더럽혔음이여 내가 너를 땅에 던져 왕들 앞에 두어 그들의 구경거리가 되게 하였도다 네가 죄악이 많고 무역이 불의하므로 네 모든 성소를 더럽혔음이여 내가 네 가운데에서 불을 내어 너를 사르게 하고 너를 보고 있는 모든 자 앞에서 너를 땅 위에 재가 되게 하였도다 만민 중에 너를 아는 자가 너로 말미암아 다 놀랄 것임이여 네가 공포의 대상이 되고 네가 영원히 다시 있지 못하리로다 하셨다 하라. (겔 28:12-19)

에덴은 가장 높은 하늘을 모형했을 뿐 아니라, 하나님의 산은 하나님과 아담 사이의 집중된 종교적 교제 지점이었습니다. 아담이 하나님 앞에서 거닐었던 곳입니다. 아담에게 있어서 참 종교의 본질은 여기에 있습니다: 그 산에 올라가면서 아담은 전-영혼whole-souled을 동원한 경배를 드리기 위해 하나님과의 교제로 들어갔던 것입니다. 그 산은 하나님의 영광스러운 임재를 묘사하기 위해 불 보석으로 불붙은 모형적인 ectypal 거룩한 장소였습니다. 이 산에 대한 원형archetype은 성령의 영광의 광채가 가장 충만히 드러나고 있었던 천상적 성전이었습니다. 에덴에서 산 위의 영광은 잠정적인 지상적 형태로 주어진 것이며 앞으로 주어질 영광의 충만함을 가리기도 하고 드러내기도 한 것입니다. 그러므로 그것은 천상적 성전의 영광 가운데 하나님과의 교제를 향한 아담의 오름ascent을 대표했습니다. 에덴은 이 종교적 교제의 최종적 장소가 아니었으며 하나님의 영광이 영원히 거하는 천상적 장소에 대한 지상적 모형이었던 것입니다. 에덴의 산은 아담으로 하여금 지리학적으로 하늘을 지향하도록 설정된 것입니다.

하나님의 산에서 종교적 교제라는 이 주제는 성경 전체에서 지속됩니다. 이후 하나님은 모세를 산에서 만나는데 그 결과는 비록 일시적이고 사라지는 것이었지만 모세의 얼굴이 영광으로 빛나는 것이었습니다. 모세가 산에서 하나님과 교제하면서 인간은 빵으로만 사는 것이 아니라 하나님의 입으로부터 나오는 모든 말씀으로 산다는 것을 배웠습니다. 두 번째 아담이요 마지막 아담이신 예수님 역시 천상적 예루살렘, 곧 시온산에 오르십니다.

미리보기

죄가 들어오고 구속의 필요성이 생기기 이전 하나님의 산은 인간에게 경배적 오름의 장소였는데 이는 하늘에서 하나님과의 종교적 교제의 완성을 예표했습니다. 이런 문맥을 염두에 두고 이제 우리는 하나님의 형상으로서의 인간의 중요성과 행위 언약의 제정에 관해 거론할 수 있습니다. 하나님의 형상인 아담은 언약 아래에서 하나님이 자신에게 요구하고 있는 일을 행함으로 에덴에 있는 지상적인 산을 넘어서 천상적인 산으로 나아가야 했습니다. 여호와의 동산 (창 13:10), 하나님의 동산 (겔 28:13), 하나님의 산 (겔 28:14)은 천상적 영광 가운데 하나님과의 영원한 종교적 교제의 기대를 드러내 주었습니다. 다음 장에서 하나님의 형상과 언약을 살펴보면서 어떻게 이들이 지금까지 쌓아놓은 기초와 연관되어 있는지도 보겠습니다.

 토의할 문제

1. 에덴은 어떤 점에서 하나님의 천상적 거소에 대한 지상적 모형이 되는가?

2. 그리스도인들은 왜 단순히 에덴 동산으로의 회귀 이상의 것을 소망해야 하는가? (에덴 자체가 만들어지고 계산 되어진 목적을 생각해 보라)

3. 무엇이 에덴을 경배의 장소로 만드는가?

4. 에스겔 28장 12-19절은 어떻게 산으로서의 에덴을 말하고 있으며 그 중요성을 이해하는데 어떤 도움을 주는가?

5. 성경의 어떤 다른 곳에서 경배와 연관된 산들을 발견하는가? 이 주제를 통해 하나님이 우리에게 교훈하는 것은 무엇인가?

언약신학의 토대 | chapter 07

하나님과의 종교적 교제로 창조됨

chapter 07
하나님과의 종교적 교제로 창조됨

본 장에서는 하나님의 형상으로서의 아담의 창조와 그와 맺은 행위 언약의 설정에 대해 생각해 보겠습니다. 우리가 집중할 주된 본문은 창세기 1장 26-28절과 2장 7절입니다. 이 구절들이 하나님의 형상과 관련하여 서로 어떻게 연관되어 있는지를 주목하며 다루어 보겠습니다.

우리의 형상으로 사람을 만들자 (창 1:26-28)

먼저 고려할 구절은 제6일 되는 날의 인간 창조입니다:

하나님이 이르시되 우리의 형상을 따라 우리의 모양대로 우리가 사람을 만들고 그들로 바다의 물고기와 하

> 늘의 새와 가축과 온 땅과 땅에 기는 모든 것을 다스리
> 게 하자 하시고 하나님이 자기 형상 곧 하나님의 형상
> 대로 사람을 창조하시되 남자와 여자를 창조하시고 하
> 나님이 그들에게 복을 주시며 하나님이 그들에게 이르
> 시되 생육하고 번성하여 땅에 충만하라, 땅을 정복하
> 라, 바다의 물고기와 하늘의 새와 땅에 움직이는 모든
> 것을 다스리라 하시니라. (창 1:26-28)

당신 자신의 형상과 모양으로 하나님이 인간을 창조하심은 창조 사역의 정점 행위였습니다. 이 행위에는 첨가된 신중한 요소가 있기 때문에 창조의 다른 행위와는 구별됩니다. 창조의 이전 날들에서 하나님은 각기 그 종류대로 만물들이 생성되도록 창조적 명령creative fiats을 발하셨습니다. 인간 창조에 대한 이런 서론적 내용을 스트림플Robert Strimple 교수는 강의 시간에 "신적 독백divine soliloquy"(자기-발설self-address)이라고 불렀습니다. 삼위일체 하나님은 "우리의 형상을 따라 우리의 모양대로 우리가 사람을 만들자"고 말씀하십니다. 독창적이고 독특한 방식으로 인간은 삼위일체 하나님을 형상합니다.

요한복음 17장 1-5절에서 예수님의 기도에 대해 이전에 말씀드린 것을 기억하면 아버지, 아들, 그리고 성령의 위격 대 위격person-to-person의 영광은 신적 원형을 제공하는데 인간은 이를 좇아 하나님의 형상과 모양으로 창조되었습니다. 창세

기 1장의 신적 모의는 예수께서 "아버지여 창세 전에 내가 아버지와 함께 가졌던 영화로써 지금도 아버지와 함께 나를 영화롭게 하옵소서"라고 하신 말씀에 담겨 있는 하나님 안의 위격 대 위격의 교제에 그 초점을 두고 있습니다. 아버지는 하나님이시고, 아들도 하나님이시며, 성령도 하나님이신데 여기에는 오직 한 하나님이 계십니다. 신적 본질의 통일성 가운데 위격은 위격에 대하여 "영광"으로 명명되는 형언할 수 없고 원형적인 교제 가운데 관계합니다. 각 위는 다른 위 안에서 기뻐하며, 그래서 거기에는 신격의 내재적-삼위일체 관계intra-trinitarian relations를 형성하는 상호적이고 공동적인 위격 대 위격의 영광이 존재합니다.

따라서 창세기 1장에서 신적 회합으로 하나님의 형상과 모양으로 인간을 남자와 여자로 형성함에 있어 삼위일체 하나님의 원형적 영광이 피조적 형태로 모형되고 있습니다. 하나님이 만드신 모든 피조물들 가운데 오직 인간만이 내적-삼위일체적 관계에 비유될 수 있는 종교적 교제의 결속으로 하나님의 형상을 닮습니다. 아버지가 아들을 기뻐하듯이 아담도 아버지와 아들을 기뻐합니다. 아버지와 아들이 성령과 원형적 교제를 나누듯이 아담도 성령의 드리우는 임재로 아버지와 아들과 교제를 나눕니다.

인간이 살아있는 피조물이 되다 (창 2:7)

창세기 1장 26-28절은 인간 창조에 대한 *공시적 개요 synchronic synopsis*, 즉 시공 세계에서 인간 창조 역사에 대한 요점 정리라 할 수 있습니다. 이 내용의 세부 사항은 창세기 2장 7절에서 더 구체화되는데 여기서는 *통시적 확장diachronic expansion*을 제공합니다. 창세기 1장 26절이 하나님의 형상으로의 인간 창조에 대한 스냅 사진이라 한다면, 창세기 2장 7절은 같은 사건에 대한 프레임 단위의 사진이라 할 수 있습니다. 중요한 것은 두 본문 모두가 하나님의 형상 개념을 드러내고 있다는 점을 명심하는 일인데, 전자는 암시적인 반면 후자는 명시적이라 하겠습니다.

> 여호와 하나님이 땅의 흙으로 사람을 지으시고 생기를 그 코에 불어넣으시니 사람이 생령이 되니라. (창 2:7)

이중적 움직임이 여기에서 포착됩니다: 인간이 땅의 먼지로부터 형성되었다는 것 그리고 생기/생명의 기운이 불어넣어졌다는 것입니다. 머레이John Murray 교수는 이를 한가지 창조적 사건의 두 가지 구분된 행위라고 관찰했습니다.[4] 특히 두

---

4) John Murray, "The Origin of Man," in *Collected Writings of John Murray* (Carlisle, PA: The Banner of Truth Trust, 19977), 2:5-9.

번째 행위는 원시 수면 위에 운행하시던 성령의 전반적인 임재하심을 상기시킵니다 (창 1:2). 이 이중적 움직임을 시행하시는 분은 성령이신데 이로 하나님의 형상인 인간을 생령living creature으로 형성하십니다. 요약하자면 하나님의 형상으로의 인간 창조에 대한 공시적 개요는 (창 1:26) 경배의 목적으로 삼위일체 하나님의 영광으로 가장 높은 하늘을 채웠던 성령에 의해 형성formation과 분여impartation의 행위로서 통시적으로 확장되고 있습니다.

인간을 하나님의 형상으로 형성함으로 성령은 인간을 하나님과의 종교적 교제라는 자연스러운 결속으로 이끕니다. 마치 천사들이 창조 시에 가장 높은 하늘에 있는 하나님의 영광을 목도했듯이 아담이 첫 걸음을 했을 때 보았던 것은 영광스러운 성령이었을 것입니다. 창조되는 그 순간 성령의 임재로 말미암아 아담은 하나님과의 자연스러운 교제를 나누게 되었습니다. 하나님의 형상으로서 인간은 *하나님을 위해서for God* 만들어졌습니다. 아담은 하나님의 분깃portion이었고 하나님은 아담의 분깃이었습니다 (신 32:9을 보십시오). 게할더스 보스Geerhardus Vos의 관찰처럼, 하나님의 형상은 가장 기본적인 의미에서 하나님과의 자연스러운 종교적 교제로 구성되어 있습니다.[5]

---

5) Geerhardus Vos, *Reformed Dogmatics*, trans. and ed. Richard B. Gaffin, Jr. (Bellingham, WA: Lexham Press, 2012–14), 2:12–14.

그런 교제를 위해 하나님이 아담에게 무엇을 주었습니까? 개혁신학이 사용한 고전적인 언어는 자유 의지인free agency과 도덕적 탁월성moral excellency이라는 개념입니다. 아담은 경배의 목적으로 하나님과 교제하도록 윤리적 자유 의지인으로 만들어졌습니다. 따라서 인간은 무엇보다 먼저 땅이나 아니면 땅에 있는 무엇을 위해 만들어지지 않았습니다; 오히려 하나님의 영광과 경배를 위해 만들어졌습니다. 하나님은 인간에게 생명을 불어넣음으로breathe in 인간이 하나님 찬양으로 숨쉬도록breathe out 했습니다. 하나님으로부터 아담을 향한 그리고 아담으로부터 하나님을 향한 움직임입니다. 인간은 그렇게 창조되었기 때문에 그가 가진 호흡은 삼위일체 하나님의 영광을 고백하기 위해 존재했던 것입니다.

참 의와 거룩 (엡 4:22-24)

보다 구체적으로 이 교제의 종교적 결속은 참 지식, 의, 그리고 거룩으로 구성되어 있습니다. 개혁자들은 하나님의 형상으로 재창조re-creation의 중요성을 해석함에 있어서 부분적으로는 타락으로 인해 잃어버린 것을 보여주는 것이라고 보았습니다. 이를 보여주는 첫 번째 본문은 에베소서 4장 22-24절입니다.

> 너희는 유혹의 욕심을 따라 썩어져 가는 구습을 따르는 옛 사람을 벗어 버리고 오직 너희의 심령이 새롭게 되어 하나님을 따라 의와 진리의 거룩함으로 지으심을 받은 새 사람을 입으라 (엡 4:22-24)

의는 하나님 앞에서의 올바른 지위right status 입니다. 거룩은 하나님을 위해 구분되고set apart, 하나님을 경배하는 종교적 기질religious disposition을 갖는 것입니다. 의와 거룩은 두번째 그리고 마지막 아담이신 그리스도와의 연합 가운데 교회에게 선물로 주어집니다. 이것이 필연적인 이유는 아담으로부터 시작해 정상적 출생에 의해 등장한 모든 인간이 그 원래의 의를 잃어버렸고, 원죄의 죄의식 아래 있으며, 그리고 그 온 본성이 부패했기 때문입니다. 그래서 재창조라는 이 행위에 전제되어 있는 것은 창조 시에 아담에게 원래적으로 주어진 의와 거룩을 타락으로 잃어버렸다는 점입니다.

의와 거룩은 아담에게 어떤 고차원적인 목적을 의미했을까요? 다름아닌 하나님을 영화롭게 하고 즐거워 하는 최상의 목적이 그것이었습니다. 따라서 하나님과의 보다 높은 교제의 목적을 의미했습니다. 즉 그것들이 없이는 하나님과의 교제가 불가능했던 피조적 상태였던 것입니다. 의롭지 않고 거룩하지 않은 인간은 하나님과 교제할 수 없습니다. 에베소서 4장 24절은 그리스도와의 연합으로 교회에 하사된 의와 거룩이 에덴에서 원래적 형상 자체에 부여되었던 의와 거룩의 회복이요 궁극적 완성이라는 점을 말해주고 있습니다. 아담 안으로 호흡/생기를 불어넣었던 성령의 바로 그 행위 가운데 아담은 하나님과의 교제 안에서 의와 거룩으로 형성되었던 것입니다.

참 지식 (골 3:10)

골로새서 3장 10절은 하나님의 형상과 연관해 세 번째 구성 요소를 명시해 주는데 그것은 곧 지식입니다. 그리스도의 죽으심과 부활 가운데 그와 연합됨(3:1-4) 그리고 땅의 것을 벗어버리라는 호소에 비추어 바울은 말합니다:

> 너희가 서로 거짓말을 하지말라 옛 사람과 그 행위를 벗어 버리고 새 사람을 입었으니 이는 자기를 창조하신 이의 형상을 따라 지식에까지 새롭게 하심을 입은 자니라. (골 3:9-10)

타락으로 원래의 의와 거룩 뿐 아니라, 생명으로 구성되었던 하나님의 참 지식마저도 잃었습니다. 하나님에 대한 이 지식은 아담의 마음을 기쁨과 만족으로 넘쳐나게 했습니다. 의와 거룩과 마찬가지로 지식 역시 아담이 하나님과 즐겼던 종교적 교제의 자연스러운 결속을 위한 것이었습니다. 하나님의 형상으로 지어짐은 곧 하나님을 아는 것으로 지어짐이었습니다. 시편 25장 14절에 대한 아름다운 설교에서 보스Geerhardus Vos는 하나님과 그 백성 사이의 종교적 교제를 친분friendship 으로 보고 그것은 하나님이 당신의 언약을 알게 *해주심makes known*이라고 주경했습니다.

자족적이고 자립적이신 삼위일체 하나님은 무슨 필요에 의해서 당신과의 교제를 위해 그 형상을 지닌 자를 형성하지 않으십니다. 자신에게 있어 무엇이 결핍되기 때문에 그것을 충족하기 위해 인간이 필요한 것이 아닙니다. 그러나 하나님은 당신의 형상으로 인간을 창조하시고 의, 거룩, 그리고 지식으로 그를 장식하셔서 당신을 영화롭게 하시고 즐기도록 하십니다. 전도서 7장 29절에 보면 인간이 원래는 정직하게upright 지어졌다고 말합니다. 로마천주교의 가르침과는 상반되게 아담은 죄를 향한 내재적인 기질concupiscence을 가지고 창조되었거나 아니면 중립적으로neutral 창조된 것이 아닙니다. 반대로 하나님의 형상인 아담은 참 지식, 의, 그리고 거룩으로 하나님을 향해 전적으로 치우치도록 창조되었습니다. 땅의 먼지로부터 형성된 인간은 그 창조주에게 경배로 표현되어야 할 완전하고, 인격적이며, 정확하고도 전적인 순종의 의무가 있습니다.

미리보기

하나님의 형상의 존재인 인간은 하나님과의 종교적 교제라는 자연스러운 결속 가운데 지식, 의, 그리고 거룩으로 창조되었습니다. 그렇기 때문에 아담은 자신의 자연적 속성 가운데 하나님을 지향하도록 구성되었으며 동일한 목적을 지향하도록 하나님의 산과 동산이라는 환경에 처해졌습니다. 아담은 참되고 살아계신 하나님을 향하여 산을 오르는 경배자로 의도되었던 것입니다. 그런데 지상적 성전을 넘어 이 자연적 교제가 완성되는 천상적 성전으로 나아가기 위해 아담에게 필요했던 것은 무엇이었을까요? 요점만 말하자면 아담에게는 언약이 필요했는데 그것은 창세기 2장 15-17절에 드러나고 있습니다. 언약 개념은 성경과 개혁신학에 있어 기초적인 내용인데 다음 장에서 거론하도록 하겠습니다.

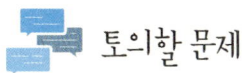 토의할 문제

1. 웨스트민스터 소교리문답의 첫 번째 대답은 "인간의 주된 목적은 하나님을 영화롭게 하고 영원토록 그를 즐거워 하는 것이다"라고 했는데, 하나님의 형상으로서 인간의 창조는 어떻게 그의 주된 목적과 연관되어 있는가?

2. 아버지, 아들, 그리고 성령의 위격 대 위격의 교제는 어떻게 아담과 하와에게서 그 피조적 방식으로 반영되고 있는가?

3. 아담은 하나님과 종교적 교제 가운데 그리고 의와 지식과 거룩으로 창조되었는데, 이는 어떻게 더 향상될 수 있었는가? 행위 언약은 아담에게 어떤 의미가 있었는가?

4. 하나님의 형상의 의미에 대해 개혁신학은 로마천주교와 어떻게 다른가?

5. 아담의 원래적 상태에 대해 아는 것에 기초할 때, 그의 죄는 어떤 의미에서 상상하기 힘든 죄였는가? 무엇이 죄를 처절하게 사악한 것으로 단정케 하는가?

언약신학의 기초 | chapter 08
행위 언약

chapter 08
행위 언약

 이제 창세기 2장 15-17절에서 하나님이 당신의 형상을 지닌 아담과 맺은 행위 언약에 대해 고려할 차례입니다. 본 장에서의 접근방식은 웨스트민스터 신앙고백서Westminster Confession of Faith (WCF)와 웨스트민스터 소교리문답서Westminster Shorter Catechism (WSC)에 비추어 이 주제에 대한 성경적 가르침을 고려해 볼 것입니다.

웨스트민스터 소교리문답서 12

 소교리문답서 12는 다음과 같은 질문과 대답으로 구성되어 있습니다.

문: 인간이 창조된 상태에서 하나님이 그를 향해 행하신 특별한 섭리의 행위는 무엇입니까?

답: 하나님이 인간을 창조하였을 때, 하나님은 완전한 순종을 조건으로 인간과 생명의 언약으로 들어오셨습니다; 사망의 고통을 전제로 선악을 알게 하는 나무를 먹는 일을 금하셨습니다.

창세기 2장 16-17절은 하나님이 인간과 언약을 제정하기 위한 낮추심condescension의 행위에 대한 증거 본문으로 인용됩니다. 교리문답서는 인간의 창조와 생명 언약을 조화시킵니다.

> 여호와 하나님이 그 사람에게 명하여 이르시되 동산 각종 나무의 열매는 네가 임의로 먹되 선악을 알게 하는 나무의 열매는 먹지 말라 네가 먹는 날에는 반드시 죽으리라 하시니라. (창 2:16-17)

교리문답서는 창조와 언약을 서로 *공시적인*synchronous 것으로 이해합니다. 특히 인간이 땅의 먼지로부터 창조되고 (2:7a) 성령에 의해 하나님의 형상을 부여받자마자 (2:7b) 하나님은 인간과 언약으로 들어오십니다.

창조와 언약은 공시적이지만 그럼에도 이들은 서로 *구분되*

어야만 합니다. 교리문답서에 따른 이유를 들면 언약은 창조 사역이 아니라 "특별한 섭리 행위special act of providence"이기 때문입니다. 하나님의 형상과 모양으로 창조되었을 때 아담은 하나님과 자연스러운 교제를 가졌습니다. 여기에 곧 언약의 조건으로 아담을 찾아오신 *특별한 섭리 행위*가 첨가되었던 것입니다. 그러므로 언약은 하나님의 적극적이고도 구두적인 자발적 낮추심의 행위로서 아담으로 하여금 온전하고 인격적이며 총체적이고 명확한 순종을 통해 유예의 기간을 넘어 가장 높은 하늘에서의 축복으로 나아가도록 하기 위함이었습니다.

언약이라는 이 특별 계시는 웨스트민스터 전통을 따르는 개혁 신학자들로부터 다양한 이름으로 불렸습니다. 언약의 결과를 강조한 신학자들은 *생명 언약*covenant of life이라고 불렀습니다. 아담에게 부과된 언약의 요구를 강조하는 신학자들은 *행위 언약*covenant of works이라고 불렀습니다. 어떤 신학자들은 그것을 타락 이후에 성립된 은혜 언약과 구분하기 위해 *창조 언약*covenant of creation이라고 불렀습니다. 이 모든 이름들은 궁극적으로는 특별한 섭리의 행위로 아담과 언약으로 들어오신 똑같은 언약을 언급하고 있을 뿐입니다.

웨스트민스터 신앙고백서 7.1

그래서 창세기 2장 7절과 창세기 2장 15-17절 사이의 구분은 각각 창조 사역과 특별한 섭리 행위 사이의 구분에 해당됩니다. 신앙고백서에서도 동일한 구분이 포착됩니다.

> 하나님과 피조물 사이의 간격은 너무 크기 때문에 합리적 피조물은 하나님을 그 창조주로 순종해야 할 의무가 있음에도 불구하고 하나님이 주시는 그 어떤 열매도 그들의 복과 상급으로 결코 받을 수 없기에, 이는 언약의 방식으로by way of covenant 표현하시기를 기뻐하셨던 하나님 편에서의 일종의 자발적 낮추심으로by some voluntary condescension 주어지는 것입니다. (WCF 7.1)

이 자발적 낮추심의 행위, 곧 특별한 섭리 행위는 하나님이 아담과 맺으시는 언약으로 형성되어 있습니다. 창조에 기인해서 아담은 하나님께 "자연적 순종"을 빚지고 있었는데, 곧 땅의 먼지로부터 하나님에 의해 창조된 까닭에 기인한 순종이었습니다. 그러나 이 자연스러운 순종은 에덴에서의 자연적 존재 이상으로 아담을 증진시킬 수 없었습니다. 다른 말로 하면, 하나님이 아담을 창조하시고 언약을 주지 않으셨다면, 땅에서 하늘로의 증진은 불가능했을 것입니다. 이 일이 일어나기 위해서 필요했던 것이 하나님에 의한 특별하고 자발적인 낮추심의 행위였는데, "언약의 방식으로 표현하시기를 기뻐하셨던" 것이었습니다.

특별한 섭리 행위인 행위 언약에 따르면 특별하게 계시된 조건들 아래 아담이 순종한다면, 하나님의 자유로운 약속에 기인해서, 땅에서가 아니라 가장 높은 하늘에서 복과 상급으로 하나님의 열매를 누릴 수 있었습니다. 아담은 하나님의 형상으로 창조되었다는 이유 때문에 하나님과의 자연스러운 교제 가운데 있었고, 언약은 땅에서 하늘로의, 모형적인 지상적 성전에서의 경배로부터 원형적인 천상적 경배로의 이동 경로였던 것입니다.

따라서 아담의 *자연적 순종natural obedience*은 그의 *언약적 순종covenantal obedience*과 구분되어야만 합니다. 전자에는 하늘에서의 생명의 완성이라는 긍정적인 구두적 약속이 포함되어 있지 않았습니다. 그 이유는 하나님이 아담에게 빚진 것이 없는 반면 아담은 그 자연스러운 창조주-피조물의 관계로 인해서 하나님에게 모든 것을 빚지고 있었기 때문입니다. 클라인Meredith Kline에 따르면, 아담은 본성적으로 아무것도 주장할 수 없는 먼지의 피조물로서 완전하고 자유롭게 그리고 진솔한 순종으로 하나님께 그 마음을 다 드린 이후라 하더라도 그것은 마땅히 자신에게 요구되었던 것을 행하였을 뿐이었을 상황이었습니다.[6] 그러므로 자연적 순종에 기인한다면 아담은 하나님께 그 어떤 요구도 할 수 없었습니다. 자유롭고 주권적으로 하나님이 아담과 맺은 언약의 방식으로만 에덴에서의 지상적 삶을 넘어서는 생명이 아담에게 제시될 수 있었습니다. 헤르만 바빙크Herman Bavinck나 게할더스 보스Geerhardus Vos 와 같은 개혁 신학자들과 웨스트민스터 신조가 우리에게 상기시켜 주고 있는 사실은 이것입니다: 아담에게 *생명life*이 주어지려면 그것은 *창조creation*의 방식이어야만 하고, 그 생명이 *증진되려면advanced* 그것은 *언약covenant*의 방식이어야만 한다는 것입니다.

그러므로 하나님이 아담과 맺으신 언약은 유예 기간을 넘어 하늘에서의 아담의 존재로 증진될 수 있는 생명의 약속을 내포하고 있는 신성한 교제의 결속을 의미했습니다. 이 행위 언약은 자연으로부터 아담이 직접 읽어낼 수 있는 것이 아니었는데 자연은 그 자체로 하나님의 언약을 계시하지 않았기 때문입니다. 아담에게는 특별한 섭리의 행위가 필요했는데 곧 아담이 영광으로 증진할 수 있는 유일한 길로서 경배 가운데 하나님께 자신을 종속시킬 수 있는 하나님으로부터의 긍정적으로 계시된 언약적 약속의 말씀이었습니다. 언약적 낮추심은 하나님의 자유하심, 다정하심, 자비하심, 그리고 사랑의 표현

---

[6] Meredith Kline, *By Oath Consigned* (Grand Rapids, MI: Eerdmans, 1968), 36.

인데 이로써 하나님은 "청구권이 없는 먼지의 피조물"에게 에덴에서의 유예 기간을 넘어 가장 높은 하늘에서 삶으로의 증진을 제공하셨던 것입니다.

유예적 나무: 참 종교의 시험 (창 2:15-17)

두 가지 나무가 행위 언약과 함께 등장합니다. 창세기 2장 8절에 하나님은 땅에서 가장 높은 하늘을 모형할 수 있는 에덴에 동산을 창설했습니다. 이후 기록되기를,

> 여호와 하나님이 그 땅에서 보기에 아름답고 먹기에 좋은 나무가 나게 하시니 동산 가운데에는 생명 나무와 선악을 알게 하는 나무도 있더라. (창 2:9)

선악을 알게 하는 나무는 "유예적 나무probation tree" 혹은 "시험하기 위한 나무tree of testing"라고 불릴 수 있습니다. 언약에는 시험 기간이 내포되어 있습니다.

> 여호와 하나님이 그 사람을 이끌어 에덴 동산에 두어 그것을 경작하며 지키게 하시고 여호와 하나님이 그 사람에게 명하여 이르시되 동산 각종 나무의 열매는

> 네가 임의로 먹되 선악을 알게 하는 나무의 열매는 먹
> 지 말라 네가 먹는 날에는 반드시 죽으리라 하시니라.
> (창 2:15-17)

창조된 인간을 하나님은 동산 안에 두고 그것을 경작하고 지키도록 했습니다. 동산에 있는 인간에게 하나님은 한 가지 나무 열매를 먹지 말라고 명합니다. 이 유예적 나무는 궁극적으로 아담의 유익을 위함인데 이유는 아담의 발걸음을 가장 높은 하늘로 향하도록 하기 위해 주어졌기 때문입니다. 이제 하나님이 그 앞에 설정해 놓은 발걸음을 따라 그 말씀을 지키면서 걷기만 한다면 아담은 여호와와 동행하기 위해 에덴에 있는 하나님의 동산 위로, 유예적 삶에서 완성의 삶으로, 땅의 경배에서 하늘의 경배로 인도될 것이었습니다. 유예적 나무는 아담에게 사람이 떡으로만 사는 것이 아니고 하나님의 입으로부터 나오는 모든 말씀으로 산다는 사실을 일깨워 줍니다. 하나님은 일반적인 나무 하나를 택하셔서 아담에게 언약의 삶을 가르치기 위해 특별한 유예적 중요성을 부과하였습니다. 곧 오직 하나님을 위해 전 영혼을 동원한 하나님 경배의 삶이었습니다.

선악을 알게 하는 나무로 인도된 아담은 사실 종교 자체의 알맹이를 직시하게 된 것입니다. 참 종교는 보상을 위함이 아니라 오직 하나님의 영광만을 위하여 삼위일체 하나님을 섬기

고 사랑하는 것입니다. 보스Geerhardus Vos의 말을 빌리자면, 유예적 나무는 "유예 시기를 통하여 아담에게 최상의 복이 직결된 종교적이고 도덕적 성숙의 상태로 인도하기 위한 하나님이 선별하신 도구"였습니다.[7] 최상의 복은 다름아닌 천상적 성전에서 하나님을 경배하는 것입니다. 위에 있는 그 산에 언약의 열매와 상급이 있습니다. 아담은 형상을 지닌 자로서 하늘을 지향하도록 하나님의 창조적인 손길로부터 존재하며 언약은 앞으로 나아가는 통로를 보여주고 있습니다.

하나님 홀로 선과 악을 정의하십니다. 하나님은 바로 이 나무의 열매를 먹는 순간 죽을 것이라고 아담에게 말씀하셨고, 그렇다면 그것을 먹는 것은 곧 죄였고, 이는 하나님의 공의, 의, 그리고 거룩한 저주의 실행으로서 죽음이라는 합법적 결과를 초래할 수 밖에 없었습니다. 이 명령을 어기는 것은 하나님에 대한 모욕이자 그분의 성품에 대한 반역이었고 하나님의 존재 자체에 대한 거역이었습니다. 선악을 알게 하는 나무의 열매를 먹는 일은 먼지의 피조물인 아담이 선과 악을 자율적으로 결정할 수 있는 하나님만의 특권을 스스로 취하는 일이었습니다. 따라서 유예적 명령에 담겨 있는 전제는 하나님만이 선과 악을 결정짓는 규준이시라는 진리입니다. 하나님은 당신 자신의 성품에 따라 선을 정의하시고 당신의 말씀의 권

---

7) Geerhardus Vos, *Biblical Theology: Old and New Testaments* (1948; repr., Carlisle, PA: The Banner of Truth Trust, 2014), 31.

위를 부인하고 당신의 성품을 침해하는 모든 것에 따라 악을 정의하십니다. 아담에게 하나님이 말씀하심은 곧 당신의 절대적 권위를 계시함이었습니다. 하나님은 절대적이고, 자증적인 권위로 말씀하십니다; 절대적 하나님은 절대적 말씀을 발하십니다. 바로 이 특별한 섭리의 행위로 하나님은 어떻게 인간에 의해 경배받으실 줄을, 곧 원초적인 경배의 규정적 원리 protological regulatory principle of worship를 계시하십니다. 하나님이 경배받으시는 유일의 방식은 당신의 절대적이고 자증적이며 무오한 말씀에 따라 이루어집니다.

아담에게 주어진 시험은 간단했습니다: "먹으면 죽는다" 아니면 "먹지 않으면 산다"였습니다. 어떤 결과의 경우에라도 아담은 하나님의 말씀이 불가항력적이며 자신은 언약 아래 하나님께 예속되어 있다는 하나님의 말씀의 진리를 배워야 했습니다. 아담이 순종한다면 살 것이고, 이 역시 하나님의 말씀은 참임이 증명될 것이었습니다. 아담이 불순종한다면 그는 죽을 것이고 하나님의 말씀은 참임이 증명될 것이었습니다. 하나님 앞에서 머리 숙여 경배하는 자로서 남든지 아니면 하나님을 거역하는 반역자로 남든지 간에 아담은 그 진리를 직시할 것이었습니다. 하나님이 말씀하실 때 피조물은 머리 숙여 경배해야 합니다. 하나님이 명령하실 때 피조물은 그의 말씀에 순종해야 합니다. 피조물은 하나님의 입으로부터 나오는 모든 말씀으로 살게 되어 있습니다.

참 종교: 하나님을 향한 인격적 애착으로 행동하는 것

중요한 것은 단순히 상급이나 보상 차원 이상의 심오한 종교적 동기가 아담에게 있었음을 알아채는 일입니다. 아담은 보상을 바라보고 순종하지 않아야 했는데, 이는 하나님의 영광을 위한 성경의 심오한 관심에 대해 이미 살펴본 기초 요소와 상반됩니다. 보스Geerhardus Vos의 말처럼, 선과 악의 본성을 탐구하는 것은 고상한 일이며, 더욱이 선을 추구하고 악을 멀리하는 것은, 특히 그런 일이 삶의 상급을 보장한다면, 더욱 고상한 일일 것이지만, 이런 것은 결코 하나님에 대한 참 종교적 순종의 지배적 동기가 될 수 없습니다. 참 종교 자체의 본질, 지배적인 동기가 되어야 할 내용은 선과 악을 알게 하는 나무에서 드러납니다. 보스Geerhardus Vos는 계속해서 말합니다.

> 더구나 하나님의 본성 때문에 그렇게 순종하는 것은 더욱 고상한 일이며, 그 중 가장 고상한 일은 도덕적 힘이 요구될 때, 더욱 난해한 이유들을 결코 거론하지 않으면서, 하나님에 대한 인격적 애착personal attachment으로 행동하는 것입니다.[8]

---

8) Vos, *Biblical Theology*, 32.

유예적 나무는 하나님과 언약 안에 있는 참 종교의 본성을 정의하는데 절대적으로 필요불가결한 것입니다. 아담에게 주어진 시험의 본질은 간단히 이것입니다: 과연 아담은 하나님만을 위해서 하나님을 사랑할 것인가? 상급이나 이익 따위에 관심을 두지 않고 하나님을 영화롭게 하고 즐거워할 것인가? 그의 순종은 과연 하나님에 대한 인격적 애착으로부터 나올 것인가? 그 무엇보다도 삼위일체 하나님의 이름만을 위해 하나님의 영광을 추구할 것인가? 하나님-중심적이고 천상-지향적인 정신을 가질 것인가? 아니면 인간-중심이고 지상-지향적인 정신을 가질 것인가? 창조주를 경배할 것인가? 아니면 그 대신 피조물을 경배하고 섬길 것인가? 아담 앞에 놓인 두 갈래 길은 실상 두 가지 전혀 상이한 반립적 종교antithetical religions였습니다.

미리보기

하나님의 형상으로 창조된 아담은 그 온 마음, 혼, 정신, 그리고 힘을 다하여 주 그의 하나님을 사랑하고 자신처럼 하와를 사랑하도록 참 지식, 의, 그리고 거룩을 부여받았습니다. 이것이 참 종교의 본질이었으며 아담은 선악을 알게 하는 나무에서 그 진실을 직면했습니다. 하지만 그 유예적 나무를 지

나면서 아담의 눈에는 또 하나의 나무, 생명 나무가 들어왔습니다. 이 나무는 선악을 알게 하는 나무를 먹지 않고 하나님만을 위해 하나님을 사랑한다면 아담이 팔을 펼쳐서 생명을 취할 수 있음을 약속했습니다. 그럴 경우, 성령은 초자연적으로 아담에게 두 번째 생기를 불어넣어 하나님의 안식의 쉼Sabbath rest이라는 천상적 영광으로 그를 일으킬 것이었습니다. 다음 장에서는 생명 나무와 안식의 쉼이 살아계신 참 하나님의 영광스러운 면전에서 인간의 최고 천상적 목적으로서 어떻게 서로 불가불 연관되어 있는지를 살피겠습니다.

 토의할 문제

1. 아담이 하나님의 언약 밖에 존재했던 순간은 한 번도 없었음에도 왜 창조와 언약 사이를 구분해야 할 필요가 있는가? 이런 구분으로 보호되는 것이 무엇인가?

2. 행위 언약은 어떻게 아담을 "보다 높은 삶"으로 향하게 하는가?

3. 아담과 맺은 하나님의 언약에 대한 이름은 그 언약의 다양한 국면을 강조하는데 다음과 같은 이름에서 강조되는 것은 무엇인가: (a) 행위 언약, (b) 생명 언약, 그리고 (c) 창조 언약?

4. 하나님의 자발적 낮추심의 교훈은 어떻에 우리를 겸손하게 하는가? 어떤 면에서 이것은 하나님을 경배하게 하는가?

5. 에덴의 두 가지 나무는 무엇을 대표하는가?

6. 유예적 나무와 연관하여 아담에게 주어진 근본적인 종교적 질문은 무엇인가?

7. 참 종교의 본성은 무엇인가? 어떻게 이것이 오늘날 타락한 세상에서 살아가는 여러분에게 교훈을 주고 있는가?

언약신학의토대 | chapter 09

생명 나무와 안식의 쉼

chapter 09
생명 나무와 안식의 쉼

　선악을 알게 하는 나무는 과연 오직 하나님을 위하여 하나님을 사랑하고 영화롭게 할 것인지에 대한 근본적인 종교적 문제를 아담이 직면하도록 주어진 유예적 시험이었습니다. 이제 창세기 2장 15-17절에 근거해서 하나님의 제사장-왕으로서의 아담의 역할을 생각해 보겠습니다. 창조에 기인해서 아담은 하나님의 형상이었습니다; 언약에 기인해서 아담은 제사장-왕으로서 하나님의 말씀을 선포하고 에덴의 성전을 지키도록 임명되었습니다. 아담은 무엇보다 먼저 농부가 아니라 에덴의 거룩함을 지키는 형상을 지닌 수호자였습니다.

일하기와 지키기 (창 2:15-17)

창세기 1장 26-27절에 하나님은 아담에게 모든 것을 다스리는/정복하는 사명을 줍니다. 이 정복 사명의 특정한 초점은 유예적 시험과 함께 좁혀집니다. 아담은 순종하며 하나님의 제사장-왕으로서 다스리게 될 것인가?

> 여호와 하나님이 그 사람을 이끌어 에덴 동산에 두어 그것을 경작하며 지키게 하시고 여호와 하나님이 그 사람에게 명하여 이르시되 동산 각종 나무의 열매는 네가 임의로 먹되 선악을 알게 하는 나무의 열매는 먹지 말라 네가 먹는 날에는 반드시 죽으리라 하시니라. (창 2:15-17)

아담은 하나님의 에덴적 성소가 오염되지 않도록 "지켜야 guard" 했습니다. 그는 왕으로서 통치하며 제사장으로서 하나님을 섬기기 위해 전적으로 성별되어야 했습니다. "지키다"(shamar)라고 번역된 이 동사 형태는 이후 성경에서 모세의 율법 아래 대제사장의 기능을 언급하는데 사용됩니다. 대제사장이 불경하거나 승인되지 않은 침입자가 거룩한 곳에 들어오는 것을 다루는 방식은 에덴의 수호자protectorate로서의 아담의 역할을 조명해 주는데 도움이 됩니다.

> 그들[레위 지파]이 회막 앞에서 아론의 직무와 온 회중의 직무를 위하여 회막에서 시무하되 [지키되; shamar] 곧 회막의 모든 기구를 맡아 지키며 [Sharmar] 이스라엘 자손의 직무를 위하여 성막에서 시무할지니 너는 레위인을 아론과 그의 아들들에게 맡기라 그들은 이스라엘 자손 중에서 아론에게 온전히 맡겨진 자들이니라 너는 아론과 그의 아들들을 세워 제사장 직무를 행하게 하라 외인이 가까이 오면 죽임을 당할 것이니라. (민 3:7-10)

성막을 지키는 제사장의 책임은 여호와께 거룩한 것을 수호하는 일이었습니다 (민 18:1-6도 보십시오). 침입자가 거룩한 곳에 들어와 더럽히려 하는 경우, 대제사장은 헤렘(Herem) 전투 형식을 취하여 뱀의 형상을 지닌 여호와의 원수를 파멸해야 했습니다 (요 8:44; 요일 3:8을 보십시오).

유추해 볼 때, 모세 언약 아래에서 대제사장이 성막에서 행해야 했던 일은 행위 언약 아래에서 아담이 제사장-왕으로서 에덴에서 해야 했던 일이었습니다. 아담은 뱀, 곧 불경한 침입자의 훼손으로부터 거룩한 동산-성소를 지켜야 했던 것입니다. 떡으로만 아니라 위대한 창조주 하나님의 입으로부터 나오는 모든 말씀으로 살면서 아담은 제사장-왕으로서 뱀과 전투를 해내어야 했던 것입니다. 아담은 하나님의 영광을 훼손

하는 가증스러운 말을 하는 피조물이라면 누구라도 그 배에 칼을 꽂아야 할 임무를 가지고 있었습니다.

생명 나무 (창 2:9)

만일 아담이 성공적으로 유예 나무를 먹지 않음으로 하나님에 대한 온전한 순종의 명령을 행해냈다면, 마귀에게 치명타를 가하게 되고 자신은 손을 펴서 생명나무를 먹을 수 있었을 것입니다. 이 나무는 뱀과의 싸움 가운데 있는 지상적 유예를 넘어 하나님이 안식의 쉼 가운데 좌정하고 계시는 가장 높은 하늘로의 증진 약속을 성례적으로 나타내고 있었습니다. 다른 말로 하면, 생명 나무 가운데 제시된 생명은 에덴에서의 삶의 연장이 아니라 (이는 성경과 개혁 신학적 견해와 다른 루터파의 견해임), 하늘에서 하나님의 안식의 쉼으로 향하는 지상적 삶의 증진이었습니다. 생명 나무는 아담에게 유예를 넘어서는 보다 높은 차원의 삶에 대한 가망성을 담고 있었습니다. 에덴에서 뱀과의 갈등이 끝없이 의도된 것이 아닌 이유는 아담이 그것을 넘어서는 무엇을 위해 지음받았기 때문입니다. 생명 나무는 쉼없이 삼위일체 하나님을 경배하는 천사들이 있는 천상적 영역에서의 종말론적 삶을 표징하고signified 인치고sealed 있었던 것입니다.

안식의 쉼: 기술적 그리고 규범적 (창 2:1-3)

하나님이 제 칠일에 쉬신 것은 피곤하셨기 때문이 아니고, 당신이 만드신 그 모든 것을 보시고 "좋다"라고 말씀하신 위대한 창조주-왕으로서 쉬신 것입니다.

> 만물이 다 이루어지니라 하나님이 그가 하시던 일을 일곱째 날에 마치시니 그가 하시던 모든 일을 일곱째 날에 안식하시니라 하나님이 그 일곱째 날을 복되게 하사 거룩하게 하셨으니 이는 하나님이 그 창조하시며 만드시던 모든 일을 마치시고 그 날에 안식하셨음이니라. (창 2:1-3)

히브리서 4장 9절 말씀에 따르면 하나님이 들어가신 이 쉼은 다름 아닌 "안식의 쉼Sabbath rest"이었습니다. 창조 기간의 마지막에 들어가신 이 안식의 쉼은 기술적descriptive이기도 하고 아담과 그 자손들에게는 규범적prescriptive이기도 함을 인식하는 것이 중요합니다. 기술적인 면에서 안식의 쉼은 하나님에게 하나의 사실a fact이었습니다. 규범적인 면에서 그것은 언약의 방식으로 아담이 언젠가 들어가야 할 명령이었습니다.

절대적 시작에서 창조되어 성령의 영광으로 채워진 가장 높은 하늘은 삼위일체 하나님의 쉼의 영역을 형성합니다. 하나님이 그 안식의 쉼으로 들어가셨을 때, 천사들은 그 임재하심의 영광 때문만 아니라 그의 위대하신 창조주-왕 되심 때문에 하나님을 찬양했습니다-"온 땅이 그의 영광으로 충만하다"(사 6). 따라서 하나님이 그 안식의 쉼으로 들어가셨을 때, 그의 영광은 영존한 안식의 형태를 취했습니다. 무엇보다 창조주-왕의 영광이 가장 높은 하늘을 채웠던 것입니다.

이 창조주-왕의 쉼의 영역을 행위 언약 아래에 있던 제사장-왕으로서의 아담은 순종으로 열망해야 했습니다. 생명 나무는 이런 전개를 상징하고 있었고 아담이 하나님의 안식의 쉼으로 들어갈 수 있도록 위를 향하고upward 그리고 앞을 향하게forward 그를 조종하고 있었던 것입니다. 규범적인 면에서 생명 나무는 아담에게 종교적 중요성을 지니고 있었는데 이를 히브리서의 저자는 아래와 같이 설명합니다.

> 그러므로 우리는 두려워할지니 그의 안식에 들어갈 약속이 남아 있을지라도 너희 중에는 혹 이르지 못할 자가 있을까 함이라 그들과 같이 우리도 복음 전함을 받은 자이나 들은 바 그 말씀이 그들에게 유익하지 못한 것은 듣는 자가 믿음과 결부시키지 아니함이라 이미 믿는 우리들은 저 안식에 들어가는도다 그가 말씀하신 바와 같으니 내가 노하여 맹세한 바와 같이 그들이 내 안식에 들어오지 못하리라 하셨다 하였으나 세상을 창

조할 때부터 그 일이 이루어졌느니라 제칠일에 관하여는 어딘가에 이렇게 일렀으되 하나님은 제칠일에 그의 모든 일을 쉬셨다 하였으며 또 다시 거기에 그들이 내 안식에 들어오지 못하리라 하였으니 그러면 거기에 들어갈 자들이 남아 있거니와 복음 전함을 먼저 받은 자들은 순종하지 아니함으로 말미암아 들어가지 못하였으므로 오랜 후에 다윗의 글에 다시 어느 날을 정하여 오늘이라고 미리 이같이 일렀으되 오늘 너희가 그의 음성을 듣거든 너희 마음을 완고하게 하지 말라 하였나니 만일 여호수아가 그들에게 안식을 주었더라면 그 후에 다른 날을 말씀하지 아니하셨으리라 그런즉 안식할 때가 하나님의 백성에게 남아 있도다 이미 그의 안식에 들어간 자는 하나님이 자기의 일을 쉬심과 같이 그도 자기의 일을 쉬느니라 그러므로 우리가 저 안식에 들어가기를 힘쓸지니 이는 누구든지 저 순종하지 아니하는 본에 빠지지 않게 하려 함이라. (히 4:1-11)

창세기 2장 1-3절을 해석하고 적용하면서 히브리서는 안식의 쉼이 하나님에게 기술적임을 확증해 주는 동시에 오늘 교회를 포함한 하나님의 백성에게는 규범적임을 확증해 줍니다. 교회는 믿음으로 이 쉼에 들어가도록 명받았습니다. 가나안에서 여호수아 아래에서 제공된 안식은 칠일에 하나님 자신이 들어가신 안식의 쉼에 대한 예표이었습니다 (히 4:4). 그래서 히브리서 4장 3절은 시편 95장 11절을 인용하면서 애굽에서 나온 첫 번째 세대는 가나안 땅에 예표된 하나님의 안식의 쉼에 들어가지 못했다고 가르칩니다 (히 4:8; 수 1:13). 이스라엘은 젖과 꿀이 흐르는 땅에 들어가야 했는데 그곳은 지친 순례자들을 위한 쉼의 장소였습니다. 하지만 그것은 끝없이 영원히 지속되는 하나님의 천상적 쉼에 대한 지상적 예표에 불과했습니다.

안식의 쉼은 행위 언약의 심장입니다. 게할더스 보스 Geerhardus Vos는 말합니다:

> [생명] 나무는 아담의 유예 기간 동안 순종함으로 보장될 차원 높고 불변하며 영원한 생명과 연관되어 있었습니다. … 인간이 가장 고차원의 생명을 얻었음을 확신하게 된 이후, 그 나무는 가장 고차원의 생명을 전달하는 성례의 수단으로 마땅히 쓰이게 될 것이었습니다. 타락 이후에 하나님은 인간에게 하나님의 목적에 반하여 그 나무 실과를 따먹으려는 경향이 있음을 간파했습니다. 그러나 이런 욕구 자체는 유예 기간 이후에 그 나무가 특정한 생명-성례life-sacrament였다는

이해를 함의하고 있습니다.[9]

믿음으로 인한 그리스도와의 연합과 교제를 표징하고 인치는 성찬식과 유사한 방식으로, 생명 나무는 하나님이 아담에게 부여할 안식의 쉼에 대한 성례적 수단이었습니다. 언약의 완성은 안식의 쉼에서 발견되었습니다. 그러므로 생명 나무의 실체는, 타락 이전에도, 언약 아래 있는 제사장-왕으로서 아담이 완전하고 인격적이며 총체적이고 명확한 순종을 통해 안식의 쉼으로 들어가도록 부름 받았음을 말해줍니다. 곧 하나님의 안식의 영역, 그의 영광이 영구적으로 거하는 곳, 그리고 인간이 영원히 충만한 기쁨과 즐거움을 찾을 곳이었습니다 (시 16:11).

하나님의 낙원에 있는 생명 나무 (계 2:7; 21:3; 22:14-15)

위에서 살펴본 생명 나무와 그것이 지닌 안식의 쉼과의 연관성에 대한 견해는 계시록에서도 뚜렷이 드러납니다. 보스 Vos는 이렇게 관찰합니다:

---

9) Vos, *Biblical Theology*, 28.

> 역사의 마지막에 종말론적 형태로 상징주의[생명나무]의 한 가닥이 재현되는데, 이는 의심의 여지 없이 하나님의 거주지로서의 낙원의 원리에 관한 것이며, 자신과 함께 인간이 거하도록 하나님이 거하시는 곳입니다.[10]

에베소 교회의 사자들에게 보낸 편지에서 예수 그리스도는 말씀하십니다:

> 귀 있는 자는 성령이 교회들에게 하시는 말씀을 들을지어다 이기는 그에게는 내가 하나님의 낙원에 있는 생명나무의 열매를 주어 먹게 하리라. (계 2:7)

생명 나무는 하나님의 낙원the paradise of God에 위치하고 있고, *바로 거기는 그리스도 자신이 계신 곳입니다.* 승천하신 그리스도는 천상적 낙원의 안식의 쉼으로 들어가셨습니다. 그러므로 그가 주시는 말씀과 성령으로 은혜를 입고 그를 믿고 따른 사람은 누구나 그가 계신 곳에 가서 생명 나무를 먹게 될 것입니다. 여기에서 이 예언적 표현 양식은 마지막이요 둘째 아담이신 예수께서 그의 교회에 부여하시는 모든 것에 대한

---

10) Vos, *Biblical Theology*, 28.

성취를 표현하기 위해 사용되고 있습니다.

나아가 요한계시록 21장 3절은 하나님이 거하시는 곳에서의 완성된 삶을 이렇게 묘사합니다:

> 내가 들으니 보좌에서 큰 음성이 나서 이르되 보라 하나님의 장막이 사람들과 함께 있으매 하나님이 그들과 함께 계시리니 그들은 하나님의 백성이 되고 하나님은 친히 그들과 함께 계셔서. (계 21:3)

하나님이 거하시는 곳은 곧 하나님의 낙원입니다. 거기에는 저주가 없는데 이는 삼위일체 하나님의 영광스럽고 위로하시는 임재가 충만하기 때문입니다. 생명 나무를 먹을 수 있는 출입의 권리는 그리스도 안에서 그들의 옷을 씻고 유예를 넘어 그와 함께 연합된 자들의 소유입니다.

> 자기 두루마기를 빠는 자들은 복이 있으니 이는 그들이 생명나무에 나아가며 문들을 통하여 성에 들어갈 권세를 받으려 함이로다 개들과 점술가들과 음행하는 자들과 살인자들과 우상 숭배자들과 및 거짓말을 좋아하며 지어내는 자는 다 성 밖에 있으리라. (계 22:14-15)

미리보기

화육하신 중보자의 고통 받으심과 영광으로 들어가심이라는 필요성을 가져온 인간의 타락 이전, 유예를 넘어서는 삶은 생명 나무 가운데 약속의 형태promissory form로 아담에게 주어졌습니다. 뱀을 쳐서 이겼다면 아담은 생명 나무를 먹게 되고 가장 높은 하늘에서 하나님의 안식의 휴식으로 옮겨졌을 것입니다. 그러나 실패한 아담의 유예적 시험 결과는 아담 보다 크신 이를 필요로 하게 되었는데 이에 대해서는 이후에 다루어 보겠습니다.

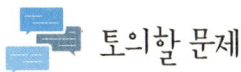 토의할 문제

1. 어떤 의미에서 아담은 제사장-왕인가?

2. 레위 제사장들의 사역은 어떻게 동산에서 아담의 임무를 이해하는 데 도움을 주는가? (특별히 제사장들의 "지키고 keep" "보호하는 guard" 사명을 고려해 보라.)

3. 성례란 무엇인가? 생명 나무는 행위 언약에서 어떻게 성례로서 기능 하였는가? (그것이 표징하고 인치는 것이 무엇인지 고려해 보라)

4. 생명 나무는 어떻게 안식의 쉼에 연관되어 있는가?

5. 성경 어떤 다른 곳에서 생명 나무가 등장하며 그 구절들은 어떻게 그 나무의 중요성을 이해하는데 도움을 주는가?

언 약 신 학 의 토 대 | chapter 10

죄로 타락함과
구속의 약속

chapter **10**
죄로 타락함과 구속의 약속

 아담에게 주어진 유예적 시험의 결과를 고찰함에 있어서 이 장은 먼저 그의 죄로 타락함과 (창 3:1-13) 다음으로 첫 번째 구속적 복음의 약속과 함께 주어진 은혜 언약의 시작을 살펴보겠습니다 (창 3:14-24).

하나님이 참으로 말씀하시더냐 (창 3:1-13)

 창세기 3장 1절에서 사탄은 뱀의 형태로 등장합니다. 요한계시록 12장 9절의 큰 용은 옛 뱀이였는데 마귀 그리고 사탄이라고 불립니다. 언약 아래에서 하나님의 형상을 지닌 제사장-왕으로서 아담은 이 뱀을 포함하여 만물을 다스려야 했습니다.

뱀의 기본적 전략은 하나님의 선하심과 신빙성을 의문에 부치는 것이었습니다:

> 그런데 뱀은 여호와 하나님이 지으신 들짐승 중에 가장 간교하니라 뱀이 여자에게 물어 이르되 하나님이 참으로 너희에게 동산 모든 나무의 열매를 먹지 말라 하시더냐? (창 3:1)

참으로 하나님이 말씀하시더냐? 사탄은 하나님의 영광을 공격하고 모욕하기 위해 하나님의 말씀을 곡해하고 비방했는데 이는 자신이 질투하며 돌이킬 수 없게 하나님을 배반했기 때문입니다. 그 첫째 질문은 하와의 마음에 의심을 일으킬 목적으로 고안되었고 이는 결국 하나님의 말씀을 노골적으로 부인하는 지경으로 나아갑니다:

> 뱀이 여자에게 이르되 너희가 결코 죽지 아니하리라 너희가 그것을 먹는 날에는 너희 눈이 밝아져 하나님과 같이 되어 선악을 알 줄 하나님이 아심이니라. (창 3:4-5)

하나님은 "만일 먹는다면, 그 어리석음 가운데 죽을 것이다"고 말씀했습니다. 하지만 사탄은 "만일 먹는다면, 지혜를 가지게 될 것이고 그런 지혜는 하나님도 부러워할 것인데 너도 하나님처럼 선과 악을 정의할 수 있는 능력을 갖게 할 것이기 때문이다"라고 한 것입니다.

> 여자가 그 나무를 본즉 먹음직도 하고 보암직도 하고 지혜롭게 할 만큼 탐스럽기도 한 나무인지라 여자가 그 열매를 따먹고 자기와 함께 있는 남편에게도 주매 그도 먹은지라. (창 3:6)

문제의 핵심은 하와가 하나님의 말씀과 뱀의 말을 상충되는 가설competing hypothese로 다루기 시작했다는데 있습니다. 그렇게 함으로 하와는 이 상충되는 주장들을 판결할 수 있는 자율적 특권autonomous prerogative을 자신에게 부여했습니다. 과연 하와는 하나님께 순복함으로 하나님이 명하신대로 선와 악을 배우게 될 것인가? 아니면 자율적으로 선와 악을 마음대로 구분할 것인가? 과연 하와는 하나님의 말씀과 사탄의 말을 가설로 상정하여 자신 스스로 그것을 조사하고 검증할 것인가? 결국 하와는 뱀의 거짓말에 빠져들고 맙니다. 그 특권을 스스로 취함으로 죄는 불가피하게 되었는데 이유는 인간이 떡으로만 사는 것이 아니라 하나님의 입으로부터 나오는 모든 말씀으로 살기 때문입니다. 하나님 홀로 그 존재하심과 계시하심에 있어서 무엇이 선이고 무엇이 악인지를 정의하십니다.

하와는 나무를 보고 세 가지를 관찰하는데, 그중 둘은 하나님으로부터 그리고 나머지 하나는 뱀으로부터 나온 것입니다. 이는 인간이 하나님과 뱀을 동시에 추구하려는 혼합주의 syncretism의 원래 행태였습니다. 나무에 대해 관찰된 첫 번째는 "먹음직 했다good for food"는 것으로 영양가 있고 독이 없다는 사실입니다. 두 번째는 "보암직 했다a delight to the eyes"는 것인데, 이는 또한 가장 높은 하늘의 아름답고 영광스러운 모형으로 그러했습니다. 그런데 세 번째는 그 나무에 대해 진실이 아닌 것으로 "지혜롭게 할 만큼 탐스러웠다to be desired to make one wise"는 점이었습니다. 이 생각은 뱀에게서 직접적으로 나온 것입니다. 그러므로 하와는 뱀에게 속아서 그 열매를 따서 먹었고 얼마를 아담에게도 주어 먹게 했습니다.

이미 지적한 것처럼 아담은 뱀과의 전투에서 하나님의 말씀을 행사하는 제사장-왕으로서 사명받았습니다. 그런데 그는 겨와 같이 바람에 날리고 있는 아내를 조용히 보고만 있었습니다. 아담의 죄가 끔찍한 것은 유예적 나무의 열매를 먹는 것에 대해 하나님으로부터 직접적으로 경고의 말씀을 받았음에도 불구하고 뱀의 상반된 말을 도전조차 하지 않고 받아들였다는데 있습니다.

언약적 불순종으로 열매를 취한 이후 아담과 하와는 동산에서 거니시던 여호와의 소리를 듣습니다. 여호와의 음성은 "네가 어디 있느냐"라는 말씀이었습니다 (창 3:8-9). 이 질문은 하나님 편에서의 무지를 드러내고 있는 것이 아닙니다; 이는 심판 시련judgment ordeal에서 삼위일체 하나님 앞으로 나오라는 왕권적이고 법정적인 호출입니다. 클라인Meredith Kline은 이를 "원초적 임재primal parousia"로 부르는데, 심판의 큰 날이 아담과 하와에게 임한 것입니다. 하지만 그들은 벗었음을 알고 부끄러워하면서 숨어 있었습니다. 종교적 교제의 결속 가운데 한때 하나님과 동행했지만 이제 그들은 하나님을 피하여 도망하여 수목 뒤에 숨어 있는데 하나님이 심판으로 오셨기 때문입니다. 하나님은 조롱당하지 않으십니다; 그들의 죄를 심판해야만 했습니다.

원복음 (창 3:14-15)

이야기가 비극적으로 전개되면서 짐작할 수 있듯이 하나님은 당신의 약속을 이루시기 위해 오십니다: "네가 먹는 날에는 반드시 죽으리라." 그런데 심판이 예견되는 상황에서 우리는 은혜 언약 안에 있는 예수 그리스도의 복음의 여명을 목도합니다. 이 언약에서 하나님은 두 번째이자 마지막 아담이실 약속된 메시아의 순종, 만족, 영광스런 승리의 삶을 통해 그 백성과 교통하십니다.

하나님은 당신 앞에 당신을 반역한 세 당사자, 뱀, 남자, 그

리고 여자를 호출하십니다. 뱀에서 먼저 말씀합니다:

> 여호와 하나님이 뱀에게 이르시되 네가 이렇게 하였으니 네가 모든 가축과 들의 모든 짐승보다 더욱 저주를 받아 배로 다니고 살아 있는 동안 흙을 먹을지니라 내가 너로 여자와 원수가 되게 하고 네 후손도 여자의 후손과 원수가 되게 하리니 여자의 후손은 네 머리를 상하게 할 것이요 너는 그의 발꿈치를 상하게 할 것이니라 하시고. (창 3:14-15)

여기에 하나님과 사람 사이에서 중보자mediator가 되실 구원자에 대한 하나님의 처음 약속이 담겨 있습니다. 이것이 *원복음*protoevangelium, 구원 복음의 처음 선언입니다.

하나님이 뱀의 후손과 여자의 후손 사이에 적대감/적의를 두신put enmity(원수가 되게 하심) 중요성은 무엇일까요? 하나님께서 아담과 하와를 호출하셨을 때 그들은 하나님과 원수된 상태였기 때문입니다. 로마서 8장 7절에 의하면, 육신의 생각을 가진 자마다 "하나님과 원수된hostile to God 것인데 이는 하나님의 법에 굴복하지 아니할 뿐 아니라 할 수도 없기" 때문입니다. 그러므로 하나님은 당신을 향한 그들의 적대감을 초자연적으로 전환하여 뱀을 향하도록 하신 것입니다. 이것은 *중생*regeneration에 대한 처음 표현입니다: 하나님은 돌 같은 그들의 마음을 제거하시고 육체의 마음을 주셔서 그들이 당신의 약속을 신뢰하고 그 명령대로 행할 수 있도록 그 백성의 마음을 변화시키겠다고 약속하십니다. 이 시점에서부터 대표 챔피언(약속된 후손)으로 구성된 하나님의 도성과 대표 챔피언(뱀)으로 구성된 인간의 도성 사이에는 절대적인 윤리적 반립성 absolute ethical antithesis이 들어서게 되고 여기에 제 삼의 단체는 존재하지 않습니다. 구속적 약속들을 신뢰하며 창조주 하나님을 경배하고 섬기는 사람들이 있는가 하면, 동일한 구속적 약속들을 경멸하며 피조물을 경배하고 섬기는 사람들이 있을 뿐 다른 사람들은 없습니다.

또한 창세기 3장 15절은 자손(복수)에서 그 자손(단수)으로 초점을 집중하는데 이는 뱀의 머리를 상하게 하지만 그 과정에서 자신의 발꿈치가 상하게 될 것이었습니다. 하나님의 형상을 지닌 제사장-왕으로서 아담은 뱀이 하나님을 모독하는 것을 들었을 때 자신이 그 뱀의 머리를 쳐부수어야 했습니다. 실패한 그를 대신해서 하나님의 무오하고 확실한 약속에 따라 약속된 메시아가 오셔서 이를 이룰 것이었습니다. 메시아는 옛 뱀 곧 마귀에 대해 승리하시는 과정에서 그 발꿈치를 상하게 됩니다. 이 약속은 고난 당하는 메시아를 위한 장을 마련하는데 그 고난은 여자의 후손의 구원을 위한 것입니다. 그래서 여기 약속과 배아기적인 씨의 형태로 제시된 것은 오실 구원자, 두 번째이자 마지막 아담, 곧 주 예수 그리스도이십니다.

그는 승리하실 것이지만 고난이 없는 승리는 아니었습니다. 고난 가운데 그는 하나님의 거룩한 성소를 모독하고 그 형상을 지닌 자를 기만한 마귀를 끝장내심으로 마귀의 일을 전멸시킬 것입니다. 창세기 3장 15절 이후부터 이제 그리스도-중심적 성경이 펼쳐집니다. 구약에서 그림자로 드러나시고, 뱀의 머리를 짓이기기 위해 오시는 챔피언 후사, 신약에서 그 실체가 드러나신 분은 그리스도이십니다

짐승 제사: 피와 옷 (창 3:20-21)

창세기 3장 21절에서 하나님은 죽임을 당한 짐승의 가죽으로부터 옷을 만들어 아담과 하와에게 입히심으로 구속의 약속으로 그들을 찾아오십니다. 벗고 있고, 죄 의식이 있으며, 부끄러워하고 있는 그들을 옷 입히십니다: "여호와 하나님이 아담과 그의 아내를 위하여 가죽옷을 지어 입히시니라." 여기서 기본적으로 두 가지 점을 언급할 수 있습니다. 첫째, 아담과 하와가 죄를 지은 바로 그 날 죽음은 실제 찾아왔습니다. 하지만 그것은 아담과 하와의 죽음이 아니라 짐승의 죽음이었는데 그 짐승의 피는 하나님의 죽음의 저주를 받아야 마땅할 사람들을 대신해 쏟아부어진 생명을 나타냈습니다. 아담과 하와를 향한 죽음의 저주 심판이 원초적 임재 시에 오고 있었지만,

하나님은 당신의 구속적 은혜 가운데 당신의 저주를 돌리셔서 그들을 대신하는 *대속물substitute* 위에 쏟아부으셨습니다.

이것은 이후 모세 시대에 희생 제도를 형성하는 효시입니다. 그러나 짐승 제사는 모든 *구속적redemptive* 언약들 가운데서 발견됩니다. 예를 들어 홍수 이후 노아는 "여호와께 제단을 쌓고 모든 정결한 짐승과 모든 정결한 새 중에서 제물을 취하여 번제로 제단에 드렸더니"라고 했습니다 (창 8:20). 창세기 22장에서도 여호와께서 그 아들 이삭을 번제로 드리려는 아브라함의 손을 멈추게 하신 이후 이렇게 기록합니다:

> 아브라함이 눈을 들어 살펴본즉 한 숫양이 뒤에 있는데 뿔이 수풀에 걸려 있는지라 아브라함이 가서 그 숫양을 가져다가 아들을 대신하여 번제로 드렸더라. (창 22:13)

히브리서의 저자는 피 흘림이 없이는 죄 사함이 없다는 체계적 선언을 합니다 (히 9:22). 따라서 짐승의 피는 아담과 하와를 대신해 흘린 것이며 이는 그의 백성을 그 죄로부터 정결케 하기 위해 그들을 대신해서 당신 자신의 피를 쏟아 내실 이의 오심을 예표합니다. 여기에서 우리는 그의 백성을 대신하는 희생적 대속물로서 그려진 그리스도의 첫 번째 그림자를 보게 됩니다.

두 번째 주지할 점은 짐승의 흘린 피와 아울러 짐승의 가죽으로부터 옷을 만들었다는 것입니다. 여기에 언어는 형상-부여image-endowment의 개념으로부터 빌려온 것입니다. 구약에서 아론은 영화롭고 아름다운 옷을 입었습니다 (출 28:2). 이후 사도 바울은 그리스도를 옷입는 신자를 묘사할 때, 새 사람을 입는 것이라고 말합니다 (엡 4:24; 골 3:10). 또한 바울은 썩을 것이 썩지 않는 것을 입을 것이라고 합니다 (고전 15:54). 여기 예들에서 "입는다"와 "옷"에 대한 헬라어 어근은 칠십인경LXX 창세기 3장 21절에서 하나님이 아담과 하와에게 옷 입힌 가죽옷과 동일합니다. 하나님이 제공하시는 옷을 입는다는 것의 기본 원리는 약속된 메시아와 연관되고 보호받아서 이제 그의 형상을 지니기 시작한다는 것입니다. 그래서 짐승의 가죽은 단지 희생적 보호coverings만이 아니라 또한 형상-부여의 행위를 계시합니다.

이런 옷에 대한 기록이 아담이 그 아내를 "모든 산 자의 어머니가 됨이더라"는 이유로 하와라고 불렀던 사실 바로 앞에 있음을 중요하게 보아야 합니다. 그러므로 생명이 아담과 하와를 찾아왔고, 그러므로 그들은 메시아의 형상을 지니기 위해 약속된 메시아의 예표적인 옷으로 옷 입게 될 것입니다. 짐승의 가죽은 마귀의 일을 멸할 뿐 아니라 구속된 백성을 당신 자신의 형상으로 보호하고/덮어주고 옷 입히기 위해 그 생명을 쏟아 내시고 그 피를 흘리시면서 발꿈치를 상하신 여자의 후손을 상징하고 있습니다. 그렇다면 창세기 3장 21절은 메시아가 그 백성을 위해 제공하실 모든 충만한 것 가운데 그 백성을 옷 입히는 처음 행위였습니다. 생명은 오실 메시아에 의해 희생적으로 대표되고 그 형상으로 옷 입은 모든 자들에게만 주어집니다. 다르게 말하면 메시아는 그의 백성을 대신해서 자신의 피를 쏟아부으시는 어린 양이십니다. 하지만 짐승의 가죽은 그리스도의 십자가만을 예표하고 있는 것이 아니라 그 십자가의 유용성usefulness도 예표합니다. 메시아의 고난받으심은 *생명life*의 길입니다—먼저는 메시아를 위함이고 그리고 그 안에 있는 자들을 위함입니다. 그 안에 있는 모든 자들은 그에 의해 구속함을 받고 이제 그의 형상을 지닙니다. 이런 이유로 바울은 그리스도 안에 있는 신자는 땅에 속한 자의 형상을 지니고 있으며 그리고 하늘에 속한 자의 형상을 지니게 될 것이라고 말합니다 (고전 15:49; 롬 8:29).

그룹과 불 칼 (창 3:22-24)

그들을 대신해서 쏟아 부어진 대속적 희생과 메시아의 예표적 생명으로 옷 입게 된 아담과 하와는 에덴으로부터 쫓겨납니다:

> 여호와 하나님이 이르시되 보라 이 사람이 선악을 아는 일에 우리 중 하나 같이 되었으니 그가 그의 손을 들어 생명 나무 열매도 따먹고 영생할까 하노라 하시고 여호와 하나님이 에덴 동산에서 그를 내보내어 그의 근원이 된 땅을 갈게 하시니라 이같이 하나님이 그 사람을 쫓아내시고 에덴 동산 동쪽에 그룹들과 두루 도는 불 칼을 두어 생명 나무의 길을 지키게 하시니라. (창 3:22-24)

수호자 그룹들과 불 칼의 현현은 아담과 하와가 동산 낙원에 들어가기 원하거나, 생명 나무를 먹기 원한다거나, 하늘에 있는 하나님의 영광으로 옮겨지기를 원한다면, 원수를 소멸시키는 칼 아래로 통과해야 함을 가르칩니다. 하지만 뻔히 소멸될 것을 알았던 아담과 하와는 칼로부터 멀어지는, 동쪽으로 이주합니다.

미리보기

불 칼은 골고다, 십자가, 죽음-저주의 어두운 골짜기를 상징합니다. 약속된 후사만이 그 불 칼 아래의 길을 통과하실 수 있게 됩니다. 그의 대속적 죽으심은 죽임 당한 짐승으로 그리고 그의 새 생명은 가죽 옷으로 예표됩니다. 그는 하나님의 공의의 불 칼 아래를 통과하실 것이고, 하나님의 저주와 분노를 참아내실 것이며, 그래서 당신의 백성을 위해 하나님의 낙원에 있는 생명 나무를 먹을 수 있도록 할 것입니다. 남아 있는 두 장에서 우리는 누가복음 3장 21절-4장 13절을 보면서 그의 죽으심과 부활을 통해 하나님의 낙원에 있는 그의 교회에게 생명을 수여하시는 챔피언 후사이신 예수 그리스도를 묘사하는 누가가 정확하게 이런 해석을 마음에 두고 있었음을 확인해 보겠습니다.

 토의할 문제

1. 뱀에 대한 하와의 응답이 "혼합주의의 원래 행태"를 어떻게 보여주는가? 혼합주의는 무엇인가? 하나님의 말씀과 사탄의 말을 "상충되는 가설"로 간주하면서 하와처럼 시험 받을 수 있는 우리에게 주어진 상황들은 어떤 것일까?

2. 아담이 뱀에게 행해야만should 했던 것은 무엇인가? 두 번째 아담의 순종하심은 첫 번째 아담의 실패를 이해하는데 어떤 도움을 주는가?

3. 아담과 하와 그리고 뱀 사이에 하나님이 적대감enmity을 두신 것이 왜 좋은 소식인가?

4. 왜 어떤 신학자들이 창세기 3장 15절을 원복음 혹은 첫 번째 복음이라고 부르는가? 이 구절은 성경의 나머지 부분들을 이해하는데 어떻게 도움이 되는가?

5. 하나님은 아담과 하와에게 짐승 가죽옷을 입히는데 이는 창세기 3장 15절의 약속된 씨의 인격과 사역에 대해 어떻게 예견하고 있는가?

6. 에덴의 출입을 막는 불 칼은 어떤 점에서 그리스도의 십자가와 부활을 예견하는가? 고통을 통한 메시아의 영광을 예시하는 다른 성경 구절들은 어떤 것이 있는가?

언 약 신 학 의 토 대 | chapter 11

약속된 후손

chapter 11
약속된 후손

이전에 우리는 웨스트민스터 신앙고백서와 몇 성경 구절들을 확대해서 창세기 1-3장으로부터 언약 신학과 하나님의 형상에 대한 적절한 이해의 기초를 살펴 보았습니다. 이제 창세기 3장을 마치면서 아담과 하와는 마귀의 역사를 멸하고 그 백성의 죄를 구속하며 그의 생명과 영광스러운 형상으로 옷 입힐 약속된 씨를 믿음으로 기다리고 있습니다. 에덴은 불 칼로 보호되고 있고, 옛 언약 아래 여자의 의로운 후손에 대한 약속은 역사의 수평선을 통과하며 두 번째이자 마지막 아담이 되실 메시아의 강림을 기다리면서 미래를 바라봅니다. 본 장에서 보겠지만, 누가는 이 기나긴 대망의 수평선을 공개합니다. 누가복음 3장 21-38절에 예수 그리스도의 세례와 족보는 그가 약속된 후사로서 불 칼 아래를 통과하시고 그 백성을 위해 단번에 낙원의 문을 여실 분이라는 사실을 경각시켜줍니다.

예수의 세례 (눅 3:21-22)

이 본문에서 예수께서 약속된 챔피언 후사라는 첫 번째 문학적 단서는 그의 세례받으심에서 발견됩니다.

> 백성이 다 세례를 받을새 예수도 세례를 받으시고 기도하실 때에 하늘이 열리며 성령이 비둘기 같은 형체로 그의 위에 강림하시더니 하늘로부터 소리가 나기를 너는 내 사랑하는 아들이라 내가 너를 기뻐하노라 하시니라. (누가복음 3:21-22)

비둘기의 형체로 예수께 임하신 성령은 피조 왕국들과 피조 임금들을 형성하기 위해 혼돈한 공허 위로 운행하실 때의 창세기 1장 2절을 상기시킵니다. 이는 또한 아담을 하나님의 형상으로 지으시고 채우시며 그와 언약으로 들어가신 때를 상기시켜줍니다. 따라서 성령의 임재는 새로운 창조가 오고 있다는 것을 상징합니다. 그리스도에게 임하심으로 성령은 그리스도의 인격과 사역을 통해 구속의 충만함이 도래할 새로운 창조가 시작될 것임을 알려줍니다. 성령의 그리스도와의 연관성은 이 아들이 성령의 영광을 소유하고 부여하실 바로 그 분임을 말해줍니다. 절대적 시작의 원래적 처음 영광은 그 아들 안에서 그 충만함/채움을 볼 것이었습니다.

성령의 임재와 아울러 하늘로부터 "너는 내 사랑하는 아들이라 내가 너를 기뻐하노라"는 아버지의 확증하시는 음성도 있었습니다. 아담의 타락으로부터 그리스도의 강림까지 하나님은 아담의 후손들의 죄와 악, 고통과 부패를 보셨으며, 타락한 인물들 가운데는 그 누구도 하나님 보시기에 기뻐할만한 인물이 나올 수 없었습니다. 하지만 이 아들 예수 그리스도에 관해서 아버지는 천상적 성전으로부터 아들을 향한 당신의 기쁨을 선언하십니다. 하나님의 기뻐하시는 아들은 새 창조의 완성자요 주인으로서 성령을 부여받습니다. 바로 그가 그 백성을 이 세상으로부터 다가오는 저 세상으로, 이 땅의 삶으로부터 하늘의 완성된 삶으로 인도하실 분이십니다.

예수의 족보 (눅 3:23-38)

살펴본 개념은 누가복음 3장 23-38절에 있는 예수의 족보에서 더욱 확장됩니다. 누가가 마태의 순서와는 정반대로 족보를 추적하고 있음에 유의하십시오 (마 1:1-17). 마태의 족보는 고대 아브라함으로부터 시작하여 앞을 향해 다윗을 거쳐 예수께로 진행됩니다. 마태의 신학적 초점은 예수께서 아브라함의 자손으로 다윗 보다 위대한 아들이요 주님되심에 있습니다.

그러나 누가는 예수 자신으로부터 시작해서 거꾸로 그 계보를 나열합니다. 거꾸로 추적하면서 다윗과 아브라함을 넘어서고 마침내 "하나님의 아들" 아담에게 도달합니다 (눅 3:38). 누가의 신학적 초점은 이것입니다: 성령의 영광을 가져오고 그 백성을 하늘로 들어올릴 약속된 여자의 후손의 강림을 찾아 지평선을 살피고 있었던 그 모든 사람은 이제 더 이상 그럴 필요가 없는데 이유는 마침내 그 분이 오셨기 때문입니다. 예수는 뱀의 머리를 쳐부수고, 그 백성을 구속하셔서 당신의 형상을 그들에게 부여하실 것이며, 불 칼 아래를 통과하실 것이고, 그리고 그 백성을 천상을 향하여 들어 올리실 약속된 챔피언이십니다. 누가는 첫 번째 보다 위대한 두 번째 아담이 오셨음을 선언하고 있는 것입니다. 마지막 아담은 성령을 가지셨고 아버지를 기쁘게 하시는 자이십니다. 그러므로, 구원은 첫 번째 아담이 아니라, 두 번째이자 마지막 아담에게 모든 이가 눈을 돌려야 할 일입니다. 이것이 기본적인 복음 메시지입니다.

광야에서 시험받으신 예수 (눅 4:1-4)

두 번째이자 마지막 아담이신 예수에 대한 누가의 전개는 세례받으신 직후 광야에서 예수의 유예적 시험에 대한 기록에

서 더욱 분명해집니다:

> 예수께서 성령의 충만함을 입어 요단 강에서 돌아오사 광야에서 사십 일 동안 성령에게 이끌리시며 마귀에게 시험을 받으시더라 이 모든 날에 아무 것도 잡수시지 아니하시니 날 수가 다하매 주리신지라 마귀가 이르되 네가 만일 하나님의 아들이어든 이 돌들에게 명하여 떡이 되게 하라 예수께서 대답하시되 기록된바 사람이 떡으로만 살 것이 아니라 하였느니라. (누가복음 4:1-4)

이 본문은, 성령의 임재와 시험 기간과 아울러, 두 번째이자 마지막 아담으로서 예수의 광야 시험을 압축하고 있습니다. 이는 동산에서 아담의 원래 유예에 대한 재현recapitulation입니다. 하지만 아담과 예수 사이에는 몇 가지 차이점이 있습니다. 첫째, 아담이 동산에서 시험받았던 반면, 예수는 광야에서 시험을 받으십니다. 에덴은 가장 높은 하늘의 모형으로 생명을 주는 물이 그 가운데로 흐르며 풍성한 삶을 보장했습니다. 이와는 완전히 정반대로 예수께서 시험받으신 광야는 그을고 메마른, 죽음이 가득한 타락의 상징이었습니다. 광야는 생명을 보장하기 보다 생명을 앗아가는 장소였습니다. 첫째 아담과 둘째 아담 사이에 왜 이런 대조가 있었을까요? 왜냐하면 화육하신 메시아의 발이 첫째 아담의 죄로 인해 저주를 받은 땅을 밟아야 할 필요가 있었기 때문입니다 (창 3:17). 이 저주받은 무대로 들어오시고 그 발을 땅에 대심으로 예수는 두 번째이자 마지막 아담으로서 그의 지상 사역을 시작하십니다.

두 번째 대조되는 점은 아담에게는 시험이 닥쳤을 때 그를 북돋울 조력자, 동지, 죄 없는 인간 동반자가 있었다는 것입니다. 그러나 예수는 중보자요 메시아로 전혀 홀로였습니다. 하나님과 사람 사이에 중보자는 한 분 주 예수 그리스도이시고 그는 홀로 이 시험의 길을 걸어가야만 했습니다. 이유는 오직 그 분만이 낙원의 문을 여시기 위해 시험을 참아낼 수 있기 때문입니다. 그는 고독하신 인물이시고 사십 주야를 그 어떤 다른 사람과의 접촉도 없이 지내셨습니다. 그를 위로해줄 그 어떤 인간적 대화도 부재했습니다. 그를 지탱했던 것은 이전에 그의 귓가에 들려온 아버지의 음성, "너는 내 사랑하는 아들이라 내가 너를 기뻐하노라"였습니다.

세 번째 대조되는 점은 아담에게는 한가지 나무만 제외하고 동산에 있는 모든 나무를 먹을 수 있도록 허용되었다는 것입니다. 자기 마음대로 죄에 물들지 않은 자유스러운 식욕을 만족시킬 수 있도록 주어진 것입니다. 그러나 예수는 주리셨습니다; 사십 주야를 음식 없이 지내신 것입니다. 마지막 네 번째 대조되는 점은 아담과는 다르게 예수는 스스로 참 인성을 택하신 신적인 인격이었다는 것입니다. 그러므로 예수는 아담 안에서 타락한 그의 택자들과 아담의 구속주로 오십니다. 예수는 마귀의 일을 멸하시고 당신이 가시고자 하는 위에 있는 낙원으로 그 백성을 인도하시기 위해 오신 신-인God-man으로서 시험받으셨습니다.

첫째 시험 (눅 4:2-4)

예수는 사십일 전 그 아버지의 음성을 들었습니다. 하지만 침묵을 깨고 그가 듣게 되는 다음 음성은 "네가 만일 하나님의 아들이어든 이 돌들에게 명하여 떡이 되게 하라"였습니다 (눅 4:3). 이 음성은 다름아닌 뱀의 음성이었는데 처음부터 죄지어 온 자요 동산에서 아담과 하와를 밀 까부르듯 한 장본인이었습니다. 예수께서 굶주림으로 힘없고 지친 것을 보고 사탄은 그 아버지의 말씀과 아들로서의 정체성을 의문하기 시작합니다.

사탄은 마치 이렇게 말하고 있습니다: "나는 당신이 하나님의 아들인줄 알았다. 성령을 부여받은, 아버지의 기뻐하시고 사랑받은 아들인줄 알았다. 당신이 하나님의 은혜를 기다리는 만인의 주인공인줄 았았다. 그런데 그 하나님의 은혜가 어디 있느냐? 당신 아버지가 하늘에서 지켜보는 가운데 당신은 굶주림으로 죽어가고 있다. 그러니까 살기 위해서는 이 돌들을 명해서 떡이 되게 해라." 이 시험은 뱀이 성령의 보호하심과 아버지의 선하신 신빙성을 의문하게 하고 하와로 하여금 하나님의 선하신 식물의 선물을 이기적인 만족을 위해 오용하도록 했던 뱀의 처음 시험과 흡사합니다. 같은 방식으로 이제 예수께 "이 돌들을 명하여 떡이 되게 하지 않는다면unless 당신은 살 수 없다"고 합니다.

하지만 예수는 신명기 8장 3절을 인용함으로 사탄의 시험을 물리치십니다. "예수께서 대답하시되 기록된 바 사람이 떡으로만 살 것이 아니라 하였느니라" (눅 4:4). 헬라어 본문에 의하면 예수의 인용구에서 처음 단어는 "아니다not"입니다: "아니다, 사람이 떡으로만 사는 것이Not by bread alone" (마 4:4; 눅 4:4). 사탄에 대한 예수의 반응은, 비록 광야 가운데 계시면서 아사 직전의 고통 중에 있지만, 즉각적이고 절대적이며 반립적인 "아니다!No!"였습니다. "아니다! 사람이 떡으로만 사는 것이."

신명기 8장 3절은 광야에서 이스라엘이 시련받고 시험받는 장면에 관한 것입니다:

> 너를 낮추시며 너를 주리게 하시며 또 너도 알지 못하며 네 조상들도 알지 못하던 만나를 네게 먹이신 것은 사람이 떡으로만 사는 것이 아니요 여호와의 입에서 나오는 모든 말씀으로 사는 줄을 네가 알게 하려 하심이니라. (신 8:3)

약속의 땅 가나안, 젖과 꿀이 흐르는 땅, 안식의 쉼의 땅은 그들을 내리쬐는 뜨거운 열기와는 너무 멀리 있어 보였습니다. 이것은 참으로 생명을 보존하는 하나님의 말씀의 능력을 배워야 했던 이스라엘을 향한 시험이었습니다. 하지만 이스라엘은 그 시험에 실패합니다:

> 이스라엘 자손 온 회중이 그 광야에서 모세와 아론을 원망하여 이스라엘 자손이 그들에게 이르되 우리가 애굽 땅에서 고기 가마 곁에 앉아 있던 때와 떡을 배불리 먹던 때에 여호와의 손에 죽었더라면 좋았을 것을 너희가 이 광야로 우리를 인도해 내어 이 온 회중이 주려 죽게 하는도다. (출 16:2-3)

모세는 이스라엘의 불평이 궁극적으로 여호와 자신을 향한 것임을 인정합니다 (출 16:8). 이유는 그들이 그 말씀의 선하심과 신빙성을 의심하게 되었기 때문입니다.

사탄에 대한 응답에서 예수의 본문 인용은 동산에서 아담의 원래 시험을 그가 재현하고 있듯이 광야에서 이스라엘의 시험을 재현함입니다. 그래서 그는 두 번째이자 마지막 아담으로 등장할 뿐 아니라, 또한 새롭고 진정한 이스라엘로 나타나고 있습니다. 하나님이 애굽에서 이스라엘을 구속하실 때 어떻게 그들을 묘사하고 있는지 유의하십시오:

> 여호와께서 모세에게 이르시되 네가 애굽으로 돌아가거든 내가 네 손에 준 이적을 바로 앞에서 다 행하라 그러나 내가 그의 마음을 완악하게 한즉 그가 백성을 보내 주지 아니하리니 너는 바로에게 이르기를 여호와의 말씀에 이스라엘은 내 아들 내 장자라 내가 네게 이르기를 내 아들을 보내 주어 나를 섬기게 하라. (출 4:21-23a)

아담, 이스라엘, 그리고 예수 그리스도는 각각 하나님의 아들로서 성경에 언급됩니다―아담은 처음protological 아들, 이스라엘은 예표적typological 아들, 그리고 예수 그리스도는 영원하고 종말론적인 아들이십니다. 이스라엘은 타락함으로 첫째 아들 아담의 죄를 재현하였지만, 오신 예수는 마치 "나는 아담이 아니다. 나는 이스라엘이 아니다. 나는 아담과 이스라엘의 구속주이다. 그리고 나는 광야에 있으면서 하나님의 입으로부터 나오는 모든 말씀으로 살 것이다. 사탄아, 사람은 떡으로만 사는 것이 아니다. 나는 내 아버지를 신뢰하기 때문에 기꺼이 광야에서 죽음을 만날 것이다. 세례 받을 때 나에게 주어진 성령과 함께 보조를 맞출 것이고 아버지의 영광만을 위하여 내 아버지를 기쁘시게 하는 방식으로 걸어갈 것이다"라고 말씀하십니다. 예수는 하나님의 아들이었던 아담과 이스라엘의 시험의 결과를 재현하는 동시에 또한 뒤집고 계십니다.

아담은 죄를 지었고, 이스라엘도 죄를 지었기 때문에 그들은 하나님의 변함없고 유일하신 순종하는 아들, 예수 그리스도와 절대적인 윤리적 대조를 이룹니다.

광야에서 예수는 누구의 말을 증명했습니까? 그의 아버지의 말씀을 증명했습니다. 누구의 음성에 귀를 기울였습니까? 뱀의 음성이 아니라 그의 아버지의 음성이었습니다. 예수는 누구의 능력으로 걸었습니까? 육신이 아니라 성령의 능력으로 걸었습니다. 이 모든 일에 있어서 그는 자신이 참 아들임을, 아담과 이스라엘 보다 더 위대한 이임을 증명해 내었습니다. 그는 아담이나 이스라엘 그 누구도 드리지 못했던 순종을 하나님께 바쳤습니다. 그 보다 더, 하나님의 택자를 위한 중보자요 구속주로서 그는 말씀하시는 하나님의 음성을 유의하는 일에 실패하고 넘어진 자들을 구속하기 위해 계획된 순종을 바쳤습니다.

미리보기

예수의 순종에서 뱀의 머리를 상하게 하는 첫 번째 타격이 발생합니다. 뱀과 처음 대면하게 되었을 때, 아버지와 성령의 영광을 위해 전적이고 철저하게 성별된 자로서 예수는 즉각적으로 자신의 발꿈치를 뱀의 머리에 갖다 댄 것입니다. 그 백성을 위한 대표자요 대속물로서 하나님의 말씀에 대한 그의 순종은 저주를 단절시키고 무효화시켰습니다. 마귀의 일을 멸하는 과정을 시작하셨을 뿐 아니라 생명을 가져오는 과정도 시작하셨는데 이는 그가 하나님의 입으로부터 나오는 모든 말씀으로 살고 있었기 때문입니다.

광야에서 첫 번째 시험은 산 위에서 두 번째 시험과 성전에서 세 번째 시험으로 이어집니다. 여기 지형적인 움직임을 볼 때, 예수의 광야 시험 기간은 이스라엘의 출애굽을 의도적으로 본따고 있음이 명백합니다. 애굽을 뒤로 하고 가나안을 앞에 둔 이스라엘은 광야에 처하게 되며, 곧 시내산에 도달했고, 그리고 이후 성전에서 고정적인 형태를 취하게 될 성막을 짓습니다. 두 번째이자 마지막 아담 그리고 새롭고 참된 이스라엘이신 예수는 이제 새로운 출애굽을 도래시킵니다; 저주를 뒤집으시고 광야로부터 생명을 가져다줍니다. 다음 장에서는 마지막 두 가지 시험을 살펴보겠습니다.

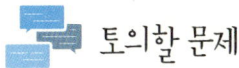 토의할 문제

1. 예수께서 하나님의 아들이실 뿐 아니라 또한 아담의 아들이어야 할 필연성은 무엇인가?

2. 누가가 그의 복음서에서 족보를 포함하고 있는 이유는 무엇인가? 이 사실이 약속된 후사로서의 예수를 이해하는데 어떻게 도움을 주는가?

3. 어떤 의미에서 예수의 세례는 처음 창조를 상기하게 하는가? 그의 세례받음은 새로운 창조의 주인으로서의 예수를 이해하는데 어떻게 도움을 주는가?

4. 어떤 조건들이 두 번째 아담의 광야 시험을 첫 번째 아담의 동산 시험보다 더 어렵게 만들었는가? 어떻게 예수는 자신을 아담보다 더 위대한 인물로 드러내시는가?

5. 임종의 침상에서 그레샴 메첸J. Gresham Machen은 그의 친구이자 동료였던 존 머레이John Murray에게 다음과 같은 전보를 보냈다: "그리스도의 능동적 순종에 감사드립니다. 그것이 없다면 소망이 없을 것입니다." 예수의 광야 시험은 어떻게 우리에게 이 소망에 대한 근거를 제공하는가?

언 약 신 학 의 토 대 | chapter 12

두 번째이자 마지막 아담

chapter 12
두 번째이자 마지막 아담

광야의 첫 번째 시험에서 예수는 단순한 아들a son이 아니라 그가 오셔서 구원하기 위한 모든 자의 구원과 생명을 보장하는 순종을 이루시는 화육하신 하나님의 영원한 아들the Son이십니다. 그 아버지의 음성에 순종하며 사탄의 거짓말을 짓밟으심은 마치 도래할 시대에 그 충만함으로 임할 영광의 한 줄기 섬광이 비추는 것과 같았습니다.

둘째 시험 (눅 4:5-7)

첫째 시험에서 예수의 초기 승리는 사탄을 단념시키지 않았습니다. 다음으로 두 번째 예수를 시험하기 위해 그를 산으로 데려갑니다.

> 마귀가 또 예수를 이끌고 올라가서 순식간에 천하 만국을 보이며 이르되 이 모든 권위와 그 영광을 내가 네게 주리라 이것은 내게 넘겨 준 것이므로 내가 원하는 자에게 주노라 그러므로 네가 만일 내게 절하면 다 네 것이 되리라. (누가복음 4:5-7)

산이라는 장소는 두 가지 이유로 중요합니다. 첫째, 이미 확인한 것처럼 산은 경배의 종교적 핵심 지점입니다. 에덴에 있는 하나님의 산이든지, 시내산이든지, 땅에 있는 시온산이든지, 아니면 천상적 시온산이든지, 산은 참 종교가 집약되는 장소입니다. 예수의 광야 시험에서 사탄은 높은 산이라는 장소, 적그리스도의 "반-영광 협의체anti-glory council" 안으로 데려갑니다. 거기에서 사탄은 예수에게 순식간에 세상 왕국들을 보여주면서 자신을 경배하는 대가로 그 모든 것을 예수에게 주겠다고 제안합니다. 둘째, 산이라는 설정은, 하나님의 섭리 가운데, 광야를 통과하여 시내산에 도달했던 이스라엘의 출애굽을 연상케 합니다. 이는 예수께서 참 이스라엘이요 참 하나님의 아들로서 이스라엘의 역사를 재현하고 있음을 예시하는 의미입니다.

시험 자체는 단순합니다. 사탄은 예수에게 실상 "당신은 고난의 길을 모면할 수 있다. 경배의 길을 모면할 수 있다. 당신의 아버지에게 순종하는 길을 모면할 수 있다. 이 모든 것을 모면할 수 있고 그렇다면 이*this* 세상의 왕국들이 당신에게 주어질 것이다. 당신이 해야할 일은 내 앞에 엎드려 경배하는 것이다"라고 한 것입니다. 사탄은 자신의 가장 위대하고 사악한 욕망을 드러냅니다: 곧 오직 하나님에게 속해있는 경배와 찬사였습니다. 이를 획득하기 위해 그는 이스라엘이 직면했던 것과 비슷한 전략을 수립합니다. 고난과 순종이 없는 영광의 미래를 제시한 것입니다.

예수는 신명기 6장 13절을 인용하면서 사탄의 거짓말을 반박합니다. "기록된 바 주 너의 하나님께 경배하고 다만 그를 섬기라 하였느니라"(눅 4:8). 신명기 6장은 쉐마 Shema, "이스라엘아 들으라 우리 하나님 여호와는 오직 유일한 여호와이시니"를 담고 있습니다 (6:4). 한 분 참이시고 살아계신 삼위일체 하나님이 계십니다. 그 분만 경배받으시기에 합당하십니다; 그의 음성만 경청하여 들어야 합니다; 그의 뜻만 전 영혼을 동원한 순종으로 따라가야 합니다. 예수는 사탄에게 실상 "나는 쉐마의 화육한 현현이요 성취이다. 너 사탄은 전능하신 주 여호와 외에 그 누구도 경배하고 섬길 수 없다"라고 말합니다. 신명기 6장 13절과 8장 3절은 성령 안에서 영광으로 가는 유일한 길은 전 영혼을 동원하여 하나님에게 성별하는 것임을 사탄에게 상기시켜 줍니다. 사탄의 기만적인 음성에 대항하여 예수는 자신을 사랑하고 기뻐하는 아들이라고 선포해 주신 그의 아버지의 음성을 옹호하십니다.

셋째 시험 (눅 4:9-12)

처음 두 시험에서 저항에 부딪힌 사탄은 세 번째 것으로 예수에게 압박을 가합니다:

> 또 이끌고 예루살렘으로 가서 성전 꼭대기에 세우고 이르되 네가 만일 하나님의 아들이어든 여기서 뛰어내리라 기록되었으되 하나님이 너를 위하여 그 사자들을 명하사 너를 지키게 하시리라 하였고 또한 그들이 손으로 너를 받들어 네 발이 돌에 부딪치지 않게 하시리라 하였느니라 예수께서 대답하여 이르시되 주 너의 하나님을 시험하지 말라 하였느니라. (눅 4:9-12)

광야 시험과 산에서의 시험 이후 사탄은 예수를 성전으로 데려갑니다. 성전은 하나님과의 종교적 교제의 상징물입니다. 거기서 하나님의 성전 봉사를 위해 성별된 대제사장은 거룩한 하나님이 경배받고 찬사받기 위해 그의 구속된 백성들과 함께 거하시도록 짐승으로 제사를 드렸습니다.

예수의 시험 순서는 이스라엘의 역사를 재현하며 새로운 출애굽을 일으키는 예수를 묘사합니다. 모세가 부름받아 산으로 올라갔을 때 그에게는 이후 성전으로 고정될 거소가 될 성막에 대한 청사진이 제시되었습니다 (출 25:40). 세 가지 시험들을 모두 함께 엮어보면 광야를 통과하시고 산을 통과하신 메시아는 이제 성전에 도달하시는데, 이곳은 가장 높은 하늘에 계신 하나님의 영광에 대한 지상적 모형입니다. 그는 천상적 성전 자체의 그림자이자 복사체로 오신 것입니다 (히 8:5).

사탄은 이제 그 전략을 변경해서 자신이 성경을 인용합니다. 그의 논리는, "그리스도야, 당신은 신명기 8장과 6장을 인용했지. 그러고 보니 당신은 성경을 성취시키는 메시아네. 시편 91장에 보면 하나님이 당신에게 천사를 보내어 보호해서 당신의 발이 돌에 부딪치지 않게 하겠다고 했네. 우리 밑에 돌들이 보이지? 여기서 뛰어 내려서 당신 아버지의 말이 성취되게 해봐라"로 정리될 수 있습니다.

사탄은 왜 예수의 발에 관심을 두고 있을까요? 이유는 예수께서 당신의 발꿈치를 사탄의 머리에 처음 두 번의 시험에서 갖다 대었기 때문입니다. 그래서 사탄은 자기에게 남은 유일한 희망이 예수의 발을 다른데로 옮겨서 순종과 경배의 길을 걷지 못하도록 하는 것임을 알았기 때문입니다. 이를 성취하기 위해 시편 91장 11-12절을 인용하지만 교묘하게도 그는 13절 앞에서 인용을 멈춥니다.

> 그가 너를 위하여 그의 천사들을 명령하사 네 모든 길에서 너를 지키게 하심이라 그들이 그들의 손으로 너를 붙들어 발이 돌에 부딪히지 아니하게 하리로다 네

가 사자와 독사를 밟으며 젊은 사자와 뱀을 발로 누르리로다. (시 91:11-13)

메시아의 발이 사탄의 생각 속에 있는 이유는 자신의 머리에서 그것을 떼어놓고 싶었고 그래서 그 발이 죄, 불순종 그리고 자기 홍보 가운데 넘어지기를 원했기 때문입니다. 메시아의 발이 하늘로 올라가는 것을 원치 않았고 땅에 떨어져 산산조각나기를 바랐기 때문입니다.

그러나 예수는 당신의 발이 한가지 목적을 이루기 위함임을 알았습니다: 뱀의 머리를 쳐부수는 것이었습니다. 그래서 세 번째이자 마지막 반격에서 예수는 또 하나의 본문, 쉐마와 가까이 있는 신명기 6장 16절로 돌아가십니다. "예수께서 대답하여 이르시되 주 너의 하나님을 시험하지 말라 하였느니라" (누가복음 4:12). 사탄에 대한 예수의 응답은 이렇게 요약될 수 있습니다: "이 발은 너의 뜻을 이루기 위해 온 것이 아니라 나를 보내신 내 아버지의 뜻을 이루기 위함이고 따라서 좌로나 우로 치우치지 않을 것이다. 나는 쉐마의 화육한 현현이다. 그리고 나는 너를 발 밑에 뭉개기 위해 왔다." 성전에서 예수는 당신 자신이 약속된 후사로서 땅의 성전이 아니라 가시적 하늘과 땅이 창조되기 이전에 만들어진 위의 가장 높은 하늘에 있는 성전으로 백성을 일으키실 것임을 보여주십니다 (창 1:1; 느 9:6; 사 6:1-6).

적절한 때까지 (눅 4:13; 23:35-39)

하나님의 음성만을 경청하심으로 셋째 시험을 성공적으로 통과하신 이후 예수는 사탄을 당신의 발아래 짓밟았습니다. "마귀가 모든 시험을 다 한 후에 얼마 동안/적절한 때까지until an opportune time 떠나니라"(눅 4:13). 여기 적절한 때는 언제였을까요? 누가는 이후에 그것을 드러내는데 예수께서 가장 연약했던 시점, 십자가에 달리신 때의 기록입니다.

> 백성은 서서 구경하는데 관리들은 비웃어 이르되 저가 남을 구원하였으니 만일 하나님이 택하신 자 그리스도이면 자신도 구원할지어다 하고 군인들도 희롱하면서 나아와 신 포도주를 주며 이르되 네가 만일 유대인의 왕이면 네가 너를 구원하라 하더라 그의 위에 이는 유대인의 왕이라 쓴 패가 있더라 달린 행악자 중 하나는 비방하여 이르되 네가 그리스도가 아니냐 너와 우리를 구원하라 하되. (눅 23:35-39)

이미 예수는 사탄으로부터 광야에서 시작되고, 산으로 옮겼으며, 그리고 성전에서 끝났던 삼중적 시험을 겪었습니다. 이제 십자가에서, 이 "적절한 때"에, 사탄이 이전에 사용했던 동일한 전략과 언어를 이용하는, 비슷한 삼중적 시험이 나타

납니다: "만일*if*" 그리고 다음은 명령형imperative입니다. *관리들rulers*의 비웃음으로 시작해서 (23:35), *군인들soldiers*의 희롱으로 나아가고 (23:36-38), 그리고 *행악자들criminals* 중 하나의 비방으로 끝맺습니다 (23:39). 이 삼중적 시험은 그리스도의 십자가 주위를 감싸고 있는 일종의 뱀과 같이 구불거리는serpentine 고리를 형성합니다. 광야의 시험에서 기본적으로 동일한 관심사가 십자가에서 예수를 반하여 반복되고 있습니다. 백성은 사탄과 함께 목소리를 가세합니다. 사탄의 말, "만일 네가 하나님의 아들이거든"은 관리들의 "만일 하나님이 택하신 자 그리스도이면"에서, 군인들의 "만일 네가 유대인의 왕이면"에서, 그리고 행악자의 "네가 그리스도가 아니냐?"라는 말에서 메아리치고 있습니다.

행악자의 비방은 독특하게 정점의 방식으로 두드러지는데, 그것이 모든 시험들 중 가장 미묘하기 때문입니다. "네가 그리스도가 아니냐 너와 *우리를and us* 구원하라!" 왜 이것이 그렇게 사악합니까? 왜냐하면 예수는 잃어버린 자들을 찾아 구원하기 위해 오셨기 때문입니다. 그런데 지금 뱀의 말을 발설하고 있는 이는 실상 "예수여, 희생적이고 대속적 죽음을 당하지 말아서 당신 자신만 구원하지 말고 우리들도 구원하라"고 소리치고 있습니다. 이 행악자는 교묘하게 예수의 메시아적 자기-이해에 호소하면서 예수께서 구원 개념을 남용하기를 바라고 있고, 그래서 *그것을* 임박한 죽음으로부터의 한시적인 구출로 재정의하고 있는 것입니다. 그러나 그런 종류의 구원을 보장하기 위해 예수께서 오신 것이 아닙니다.

관리와 군인 그리고 행악자의 삼중적 시험의 외침과 아울러 또 하나의 네 번째 음성이 있습니다. 시험당하기 위해 광야로 인도되기 전 예수는 그 아버지의 "너는 내 사랑하는 아들이다. 내가 너로 기뻐한다"는 음성을 들었고 (눅 3:22), 예수는 당신의 세례에서 주어진 성령의 영광 가운데 행하면서 사탄의 말을 대항하며 그 아버지의 무오한 말씀을 확증했습니다. 이제 십자가에서 네 번째 음성이 행악자 옆에 달려 있는 또 하나의 행악자의 의심치 않는 입술로부터 들립니다.

> 하나는 그 사람을 꾸짖어 이르되 네가 동일한 정죄를 받고서도 하나님을 두려워하지 아니하느냐 우리는 우리가 행한 일에 상당한 보응을 받는 것이니 이에 당연하거니와 이 사람이 행한 것은 옳지 않은 것이 없느니라 하고 이르되 예수여 당신의 나라에 임하실 때에 나를 기억하소서 하니 예수께서 이르시되 내가 진실로 네게 이르노니 오늘 네가 나와 함께 낙원에 있으리라 하시니라. (누가복음 23:40-43)

이 강도는 예수의 제자도 아니었고 예수를 알았던 이들로부터 훈련받은 일도 없습니다. 그럼에도 불구하고 뱀과 그 후손 앞에서 그는 이 사람 예수는 자신들처럼 잘못한 것이 없다고 고백합니다. 그는 저주를 받아 함께 십자가에 달려 죽으면서 자신의 죄와 예수의 죄없음을 고백합니다. 강도가 사탄의 소리로 예수를 비방하는 행악자를 책망할 뿐 아니라 예수에 대해서도 그 아버지께서 하셨던 말, 곧 예수는 사랑받고 기뻐하시는 아들이라는 사실을 확인해 주고 있음에 유의하십시오. 사탄의 음성을 메아리치는 관리들, 군인들, 그리고 행악자들과는 정반대로 강도는 자신의 음성을 아버지의 음성과 합치하는데 이는 그가 하나님의 은혜로 예수가 누구신지 알고 있기 때문입니다.

예수께 강도는 직접적으로 "예수여 당신의 나라에 임하실 때에 나를 기억하소서"라고 합니다. 이 요청은 예수께서 죽으시더라도 죽음에 메여있지 않을 것이라는 사실을 전제합니다. 오히려 이 고통을 통하여 영광과 능력으로 예수는 당신의 나라에 들어가실 것이었습니다. 그리고 강도는 예수께서 그렇게 하실 때 자신을 기억해 주기를 소망합니다. 예수의 초림에서 세상에 오심은 이를 심판하기 위함이 아니었고 그를 통하여 선택된 유대인과 이방인 그리고 당신 옆에 달려 있는 이 강도를 포함한 세상 사방으로부터 그의 백성 모두가 구원받도록 하기 위함이었습니다.

관리들, 군인들 그리고 행악자들의 뱀 같은 소리들에 대해서 예수는 무슨 말을 하십니까? 아무 말도*nothing* 하지 않습니다—이것이야말로 끔찍하기 짝이 없는데 왜냐하면 그들은 세상의 마지막 날에 심판 가운데 그들을 정죄하는 선언으로 그의 음성을 듣게 될 것이기 때문입니다. 하지만 이 시점에서는 자신을 변호하거나 세상을 심판하기 위함이 아니었습니다; 그는 잃어버린 자들을 찾아 구원하기 위해 오셨습니다. 자신 옆에서 죽어가는 강도 한 사람이 구원을 요청할 때 예수는 마침내 *말씀하십니다speak*. 예수는 강도에게 구원의 말씀, "오늘 네가 나와 함께 낙원에 있으리라"고 말씀하십니다. 낙원은 그가 시작하신 이 새로운 출애굽의 목표입니다; 천상적 장소에 있는 하나님의 낙원인데 거기에는 생명 나무가 발견됩니다. 예수는 바로 그 날에 이 강도가 그와 함께 낙원에 있도록 하기 위해 오신 것입니다.

그리스도 안에서 새로운 출애굽의 목표: 가장 높은 하늘에서의 경배

강도를 향한 예수의 대답은 소교리문답 37에 잘 요약되어 있습니다:

문: 신자들이 죽을 때에 그리스도로부터 받는 은덕들은 무엇입니까?

답: 신자들의 영혼은 죽을 때에 거룩으로 완전해지고, 즉각 영원으로 인도됩니다; 그리고 그들의 육신은, 그리스도와 여전히 연합되어, 부활 때까지 무덤에서 안식합니다.

강도의 육신은 무덤에 안치되겠지만 그 영혼은 바로 그날 예수와 낙원에 있게 될 것이었습니다. 그리스도 안에서의 새로운 출애굽의 목표는 에덴이나 땅에 있는 성전이 아니라 부활하신 예수께서 사십일 후에 승천하신 가장 높은 하늘에 있는 하나님의 낙원 자체입니다. 바로 거기에서 그는 오늘 하나님 우편에 앉아 계시며 그가 구속하러 오신 모든 이들을 위해 중보하고 계십니다.

> 그러므로 우리가 항상 담대하여 몸으로 있을 때에는 주와 따로 있는 줄을 아노니 이는 우리가 믿음으로 행하고 보는 것으로 행하지 아니함이로라 우리가 담대하여 원하는 바는 차라리 몸을 떠나 주와 함께 있는 그것이라. (고후 5:6-8)

> 그러나 너희가 이른 곳은 시온 산과 살아 계신 하나님의 도성인 하늘의 예루살렘과 천만 천사와 하늘에 기록된 장자들의 모임과 교회와 만민의 심판자이신 하나

님과 및 온전하게 된 의인의 영들과 새 언약의 중보자 이신 예수와 및 아벨의 피보다 더 나은 것을 말하는 뿌린 피니라. (히 12:22-24)

강도에게 하신 말씀을 예수는 당신의 그 모든 백성에게 발하십니다: "나는 낙원의 문을 열었다. 나는 하나님의 산, 천상적 시온산의 출입문을 열었다. 거기에는 십자가 위의 강도를 포함하여 의로운 자들의 영이 하나님의 면전에서 완전하게 되는 곳이다. 거기 하늘에서 그 영들은 최초로 경배 사건에 참여한 셀 수 없는 무리의 천사들과 함께하게 될 것이다." 누구든지 그리스도 안에 있는 자는 이 낙원에 그와 함께 속해 있습니다.

이제 우리의 태도는 어떠해야 할까요? 우리의 음성을 성령 안에서 아들과 아버지의 음성과 합하도록 하는 것이고, 죽으심과 부활하심으로 단번에 우리를 위해 낙원의 문을 여신 두 번째이자 마지막 아담이신 예수 그리스도를 고백하는 일입니다. 그가 열어놓으신 것을 이제 그 누구도 닫을 수 없습니다. 그러므로 그분 안에 거하고, 믿음으로 그 낙원으로 올라가고, 그리고 성령의 능력으로 삼위일체 하나님을 오늘 경배하십시오. 그리스도와의 연합 가운데 시온산의 정상으로 올라가면서 살아계시고 자족하신 삼위일체 하나님을 영원히 경배하고 찬미하십시오.

 토의할 문제

1. 예수의 시험에서 산은 무엇을 의미하는가 (눅 4:5-8)?

2. 산에서 예수의 순종은 어떻게 우리에게 영광을 향한 모델이 되는가?

3. 누가복음 4장에서 그리스도의 시험은 십자가의 시험에서 어떻게 다시 반영되고 있는가?

4. 한 마디로 예수께서 성취하신 새로운 출애굽의 목표는 무엇인가? 이는 무슨 뜻인가? 이는 어떤 의미에서 땅에 있는 에덴이나 성전보다 더 위대한가?

5. 십자가에서 예수와 강도 사이의 대화에 기초해서 당신은 어떻게 복음을 전하겠는가?

6. 그리스도의 십자가는 창세기 1장 1절을 이해하는데 어떻게 도움을 주는가?

성경 색인

구약

창세기

1	98
1:1	11, 12, 29, 45, 46, 47, 51, 52, 56, 59, 62, 75, 76, 156, 180, 188
1-2	15, 18
1:2	24, 59, 62, 63, 64, 65, 66, 67, 75, 76, 82, 101, 160
1-3	11, 159
1:6	45, 77
1:9-13	78, 79
1:26	100, 101
1:26-28	7, 97, 98, 99, 128
2:1	64
2:1-3	12, 131, 133
2-3	90
2:7	97, 100, 101, 112, 114
2:8	117
2:8-14	85, 86
2:9	117, 118, 130
2:10	87

2:15-17 ········ 11, 16, 106, 111, 114, 117, 118, 127, 128
2:16-17 ········ 118
3 ············· 19, 23, 159
3:1 ············· 19, 143, 144
3:1-13 ········ 143
3:4-5 ············ 144
3:6 ············· 144, 145
3:8-9 ············ 146
3:14-15 ········ 21, 148
3:14-24 ········ 143
3:15 ············· 21, 22, 26, 148, 149
3:17 ············· 164
3:20 ············ 23, 152
3:20-21 ········ 150
3:21 ············· 23, 150, 152
3:22-24 ······ 154
3:24 ············ 23
8:20 ············ 151
13:10 ············ 88, 93
17:7 ············· 61
22 ············· 151
22:13 ············ 151

출애굽기

3:14 ············ 37, 38

4:21-23a ····· 168
6:7 ············· 61
16:2, 3 ········ 167
16:8 ············ 167
19;4 ········· 66, 67, 75
24 ············· 15
25:40 ········· 71, 178
28:2 ··········· 60, 152
34 ············· 15
34:29 ·········· 15
40:33 ·········· 64
40:33-38 ····· 64, 65
40:34 ·········· 61, 75
40:34-35 ····· 64
40:34-38 ····· 64
40:36-38 ····· 65

민수기
3:7-10 ········ 129
18:1-6 ········ 129

신명기
6 ················ 177, 179
6:4 ············· 177
6:13 ············ 177

6:16 ············· 180
8 ················· 177
8:3 ············· 166, 177
32:9 ············ 67, 101
32:9-12 ······ 66, 67
32:10-12 ······ 64, 66

여호수아
1:13 ············· 134

열왕기상
8:10-11 ········ 63

느헤미야
9:6 ············· 47, 49, 59, 69, 180

시편
8:1 ············· 77
16:11 ············ 135
25:14 ············ 105
46:4-5 ········ 87
90:2 ············ 30, 31, 38
91 ··············· 179
91:11-12 ······ 179
91:11-13 ······ 179, 180

91:13 ············ 179
95:12 ············ 134
102 ·············· 77
102:25-27 ····· 30, 31, 38
104:1-2 ········ 49, 60
104:2 ············ 61, 63

전도서
7:29 ············ 105

이사야
6:4 ·············· 48, 49
6:1-6 ············ 48, 56, 56, 180
6:2-3 ············ 69
6:5 ··············· 50
66:1 ··············· 49,

예레미야
7:23 ············ 61
10:6 ············ 33, 38
10:6-11 ········ 33
31:33 ············ 61

에스겔
28:12-19 ····· 89, 90, 91, 93

28:13 ············ 89, 93
28:13-16 ······ 15
28:14 ············ 93

말라기
3:6 ·············· 32, 36, 38

신약

마태복음
1:1-17 ········· 161
4:4 ·············· 166

누가복음
3:21-4:13 ······ 155
3:21-22 ········· 160
3:21-38 ········· 159
3:22 ············ 183
3:23-38 ······ 161
3:38 ············ 162
4 ················· 156, 188
4:1-4 ············ 163
4:3 ·············· 164
4:4 ·············· 166

4:5-7 ·········· 175, 176
4:5-8 ·········· 188
4:8 ············· 177
4:9-12 ········ 178
4:12 ············ 180
4:13 ············ 181
23:35 ·········· 182
23:35-39 ····· 181
23:36-38 ····· 182
23:39 ·········· 182
23:40-43 ····· 183
23:43 ·········· 24

요한복음

8:44 ············ 129
17:1-5 ········ 39, 41, 98
17:5 ············· 38

사도행전

17:24-25 ····· 37
17:25 ·········· 37, 38

로마서

1:20 ············ 82
8:7 ············· 21, 148

8:29 ············ 153
8:39 ············ 37
11:36 ············ 30

고린도전서

15:49 ············ 153
15:54 ············ 152

고린도후서

1:20 ············ 36
5:6-8 ············ 185, 186
5:7 ············ 56

에베소서

1:3 ············ 53
4:22-24 ····· 102, 103
4:24 ············ 103, 152

골로새서

1:15-16 ········ 50, 51
1:16 ············ 50, 51
3:1 ············ 56
3:1-2 ············ 53
3:1-4 ············ 104
3:5 ············ 104

3:9-10 ········ 104
3:10 ········· 104, 152

히브리서

4:1-11 ········ 132, 133
4:4 ············· 134
4:8 ············· 134
4:9 ············· 131
8:5 ············· 71, 179
9:22 ··········· 151
11:13-16 ······ 68
12:22-24 ····· 15, 186, 187
13:8 ············· 36

야고보서

1:17 ············· 34, 38

요한일서

3:8 ············· 129

요한계시록

2:7 ············· 135, 136
12:9 ············· 143
21:3 ············· 135, 137
22:14-15 ····· 135, 137

레인 팁튼 Lane G. Tipton
(PhD, Westminster Theological Seminary)

주목받는 젊은 신학자 중 한 명으로 성경신학과 조직신학을
유기직으로 연결해 설명하는 데에 탁월하다.
그는 자신의 모교인 필라델피아에 소재한
웨스트민스터 신학교에서 수년간 조직신학을 가르쳤다.
현재는 펜실베니아 이스턴에 있는 트리니티 장로교회
목사로 섬기고 있으며, 리폼드 포럼Reformed Forum에서
성경/조직신학 특별 연구원으로 재직 중이다.

석기신
제네바신학대학원대학교의 성경/조직신학 교수로 재직중이다.

신승욱
제네바신학대학원대학교의 조직신학 교수로 재직중이다.

언약신학의 토대
성경신학적 탐구

초판발행   2023년 2월 7일

지은이   레인 팁튼
옮긴이   석기신, 신승욱

펴낸곳   제네바신학대학원대학교 출판부
         경기도 파주시 파평면 파산서원길 64-68(늘노리 268-18)
         TEL.(031)958-6001
         홈페이지 gts.ac.kr
편집   경향문화사
         서울시 강서구 화곡로 375

값 15000 원

ISBN 979-11-960612-4-1